KB007176

논픽션

김일성의 아이들
다큐멘터리 영화 제작 뒷이야기

1950년 한국전쟁 직후

북한은 '위탁교육'이라는 이름 하에

전쟁고아들을 동유럽 여러 나라에 이주시켰다.

이 이야기는 그들의 숨겨진

역사에 관한 기록이다.

– 영화 '김일성의 아이들'

논픽션 **김일성의 아이들**
다큐멘터리 영화 제작 뒷이야기

김덕영 지음 | 임수영 사진

다큐스토리 출판사

차례

제1장 | 북에서 온 아이들

제2장 | 선한 사람들끼리는 언어가 중요한 게 아니다

제4장 | 1962년 북한 폐쇄의 해

기록이 사라질 때
역사도 잊혀진다

15년 동안의
역사 추적

한국전쟁이 한창이던 1951년 북한 전쟁고아들을 가득 실은 시베리아 횡단 열차가 평양을 출발했다. 전쟁으로 부모를 잃고 먹을 것조차 부족했던 아이들은 자신들이 탄 기차가 어디로 향하는지도 알 수 없었다. 수백 명의 아이들을 한꺼번에 수송하기 위해서 북한 교사들은 기차에 설치된 의자까지 떼어냈다. 아이들은 기차 바닥에 옹기종기 모여 앉아 덜컹거리는 기차에 몸을 의지했다. 그렇게 열흘이나 걸린 뒤 아이들은 각자 자신들이 새롭게 생활하게 될 장소들로 이동했다.

북한 전쟁고아들을 태운 특별열차는 1951년부터 1953년까지 폴란드, 루마니아, 불가리아, 헝가리, 체코의 이름 모를 도시로 아이들을 실어 날랐다. 공식적인 기록만으로도 5천 명이 넘는 대규모 이동이었다. 비공식적으로는 1만 명에 이른다는 조사도 있었다. 어떤 이유에서 북한의 아이들은 낯선 동유럽의 하늘 아래로 이동해야 했던 것일까? 그리고 그곳에서 7, 8년이 넘는 긴 세월 동안 아이들은 어떻게 생활했을까?

나는 이 역사적 사건을 파헤치기 위해서 15년 동안 북한 전쟁고아들의 동유럽 행적을 추적했다. 그리고 한국전쟁 발발 70주년이 되는 2020년 6월 25일 한 편의 다큐멘터리 영화를 세상에 선보였다. 이 책은 한국전쟁 과정에서 발생한 북한 전쟁고아들의 동유럽 집단 이주의 역사를 추적한 논픽션 기록물이다.

국경과 이념을 초월했던
한 여인의 숭고한 사랑 이야기

2004년 나는 아주 우연한 기회에 루마니아에서 북한인 남편을 기다리고 있는 한 여성에 관한 제보를 받았다. 루마니아의 수도 부쿠레슈티에 살고 있던 그녀의 이름은 제오르제타 미르초유. 그녀가 40년 넘게 찾고 있는 북한인 남편 이름은 조정호. 1951년 북한 남자 조정호는 3천 명의 북한 전쟁고아들을 이끌고 루마니아로 온 교사였다. 당시 동유럽 각국에는 한국전쟁 이후 발생한 북한 전쟁고아들을 위한 '조선인민학교'가 설치되었다. 조정호는 바로 그 학교 교장이었다. 사범학교를 막 졸업한 제오르제타 미르초유와 스물여섯 북한 청년 조정호의 만남은 그렇게 시작되었다.

국경을 초월한 4년 간의 비밀스러운 연애, 루마니아 공산당의 승인을 받아야 했던 결혼, 그리고 1959년 동유럽에 불어 닥친 자유화의 바람 속에 진행된 전쟁고아들의 송환과 평양으로의 이주는 평범했던 한 루마니아 여인의 삶을 격동의 역사 속으로 몰아넣었다. 나는 그녀의 삶을 통해서 1960년대 북한 내부에서 진행되었던 반김일성 쿠데타와 종파투쟁, 외국인배척운동과 같은 낯선 역사적 사건들에 대해서 눈을 뜰 수 있었다. 그녀를 통해 알게 된 북한 전쟁고아들의 동유럽 이주 역사는 그동안 우리가 몰랐던 1950년대부터 1960년대까지 북한 내부의 역사를 이해할 수 있는 기회이기도 했다. 북한 전쟁고아들의 삶을 이해하는 것은 대한민국에서 태어난 내가 곧 한반도 북쪽에서 벌어지고 있었던 또 하나의 숨겨진 역사를 이해하는 길이었다. 모든 사건의 중심에는 김일성이 있었다. 따라서 미르초유와 그가 사랑했던 북한 남자 조정호의 삶에는 폐쇄된 북한 사회를 이해할 수 있는 열쇠가 숨겨져 있다.

처음 그 사건을 접했던 순간으로부터 15년의 세월이 흐른 2020년, 나는 그들의 사랑과 운명, 그리고 북한 전쟁고아들의 동유럽 이주 역사를 소재로 한 다큐멘터리 영화를 만들었다. 〈김일성의 아이들〉이란 제목이 붙은 그 영화는 국내 극장 개봉을 거쳐 미국의 '뉴욕국제영화제', 프랑스 '니스국제영화제' 본선에 진출했으며, 이탈리아 '로마국제무비어워드' 최우수 다큐멘터리 작품상을 수상하기도 했다. 현재는 세계 여러 나라에 영화를 공급하고 있는 미국 유명 배급사와 정식으로 계약을 체결해서 전 세계 개봉을 눈앞에 두고 있다. 영화 〈김일성의 아이들〉은 그렇게 필자이자 감독인 나의 삶을 송두리째 바꾸어 놓았다.

돌이켜 보면 미르초유라는 한 인물의 삶을 알게 된 것도 하나의

1950년대 초반 평양에서 모스크바를 거쳐 동유럽 각국으로 운행되었던 특별열차를 타고 5천 명에서 1만 명에 이르는 북한 전쟁고아들이 이동을 했다. 헝가리에서 발견된 북한 전쟁고아 특별열차 첫 운행 당시 모습이 담겨진 사진.

운명이었다. 다큐멘터리 영화감독에게는 일종의 사명감 같은 것이 있다. 그들이 고난을 무릅쓰고 세상 곳곳에 숨겨진 이야기들을 찾으려 노력하는 것도 그런 이유다. 기록을 남기는 행위는 개인적인 것이지만, 남겨진 기록은 단지 개인적인 차원에 머물지 않는다. 기록을 남기는 행위는 순간이지만, 남겨진 기록은 영원하다. 그래서 기록이 사라지는 순간

역사도 함께 사라지는 것이다. 그것이 다큐멘터리 영화감독들이 마음 속에 지니고 있는 사명감이다.

그것은 마치 숨겨진 퍼즐 조각들을
찾는 과정과도 같았다.

60여 년 전 평양에서 생이별한 북한인 남편을 기다리는 파란 눈의 루마니아 여인의 삶 속에는 공교롭게도 북한 내부의 김일성 우상화 과정과 폐쇄적인 정치 체제로 변질되어가는 과정들이 고스란히 담겼다.

15년 전 그녀에 관한 다큐멘터리를 제작하기 위해서 루마니아 기록필름보관소를 방문했을 때가 떠오른다. 북한 전쟁고아들의 행적을 촬영한 기록필름을 처음 발견했을 때 일이다. 담당 직원은 그 필름통을 찾기 위해서 며칠 동안 오래된 필름 창고를 뒤졌다고 말했다. 나는 그때 은빛으로 빛나는 알루미늄 통을 양손에 들고 조심스럽게 걸어 나오는 그녀의 모습을 카메라로 촬영했다. 마치 유골함이라도 들고 나오듯 그녀는 정성스럽게 필름통을 갖고 나왔다. 얼마나 많은 세월이 흘렀는지, 은빛 필름통 곳곳에는 검게 녹슨 자국들도 보였다. 만약 누군가 자료를 찾겠다고 나서지 않았다면 필름통 속에 담긴 역사적 자료들 또한 영원히 창고 속에서 잠들고 있지 않았을까. 문득 촬영을 하면서 그런 생각이 스쳤다. 1953년 루마니아에 왔던 북한 전쟁고아들의 모습을 담은 4분 30초 분량의 기록필름은 그렇게 세상에 처음 모습을 드러냈다.

이번에 영화를 제작하면서 나는 루마니아는 물론이고 폴란드, 불가리아, 체코, 헝가리 등지에서 100여 장의 사진과 북한 전쟁고아들이

체코에서 발견된 북한 전쟁고아들의 기념 사진. 체코에서는 이곳을 '김일성학원'이라 불렀다.
'학원'이란 우리와 달리 북한에서는 고아원을 뜻하는 개념이다.

쓴 50여 통의 편지를 발굴해냈다.

　　다큐멘터리 영화 〈김일성의 아이들〉을 제작하는 과정은 말 그대로 숨겨진 기록과의 싸움이었다. 어디에 있는지 알 수 없는 자료를 수소문하고 파편처럼 흩어진 기록들을 마치 퍼즐 찾기를 하듯 하나하나 맞춰 나갔다. 하지만 자료보다 더 찾기 힘든 것은 1950년대 북한 전쟁고아들과 함께 생활했던 동유럽 생존자들을 찾는 일이었다. 그때까지만 해도 그들의 존재를 기록한 문서는 거의 존재하지 않았다. 결국 사람과 사람을 고리로 연결하듯이 그렇게 생존자들을 수소문했다. 그리고 극적으로 모두 12명의 생존자들과 인터뷰를 했다. 놀랍게도 그들은 70년 전 유럽 땅에서 만났던 북한 친구들의 이름을 정확하게 기억하고 있었다.

심지어 북한 아이들과 함께 불렀던 노래를 기억하고 있는 사람들도 있었다. 그들의 마음속에는 살아생전 친구들을 다시 만나보고 싶다는 그리움이 가득했다. 이런 기회를 통해 다시 한번 인터뷰에 협조해 주셨던 모든 분들께 감사 인사를 전하고 싶다. 그들의 증언이 없었다면 아마도 북한 전쟁고아들에 관한 영화를 만드는 작업 역시 쉽게 완성될 수 없었을 것이다.

숨겨진 역사의 퍼즐을 찾는 작업에서는 비록 퍼즐을 모두 찾지 못하더라도 이미 찾아낸 퍼즐 조각들이 비어 있는 공간들의 단서가 된다. 퍼즐이 없더라도 빈 곳의 모양을 통해 마지막 찾아내지 못한 퍼즐의 모양을 이해할 수 있는 단서가 된다. 1950년대 북한 전쟁고아들의 동유럽 행적에서 그 마지막 찾아내지 못한 퍼즐은 바로 북한 전쟁고아 그들 자신이었다. 아쉽지만 나는 이번 취재 과정 속에서 단 한 명의 북한 전쟁고아도 만날 수 없었다. 대한민국 국적을 가진 내가 북한을 쉽게 여행할 수도 없을 뿐만 아니라, 설사 들어간다고 해도 70년 전 자료를 찾아낼 수 없다는 것은 불을 보듯 뻔한 일이었다. 하지만 이보다 더 중요한 것은 동유럽에서 살다 북한으로 송환된 북한 전쟁고아들의 행적을 아는 이가 없다는 사실이었다. 북한 당국은 지금까지 1950년대 북한 전쟁고아들의 동유럽 이주 역사에 대해서 긍정도 부정도 하지 않고 있다. 북으로 귀환 된 이후 과연 그곳에서 아이들에게 어떤 일이 벌어졌는지, 그들이 어떤 삶을 살았는지 증언해주는 사람도 없다.

모든 아이들은 한순간 마치 연기처럼 사라졌다. 나는 동유럽에서 찾아낸 역사적 자료와 증언을 토대로 북한 전쟁고아들에 관한 퍼즐들을 맞춰 나갔다. 워낙 세월이 오래 흘러버린 탓에 퍼즐 조각들 역시 빈 곳이 많았다. 하지만 퍼즐이란 것은 원래 빈 곳을 채우지 않아도 주변을 둘러싼 조각들을 다 찾아낼 수 있다면 원래 모양이 어떤 것인지 유추해내는 것은 어려운 일이 아니다. 나는 그렇게 북으로 돌아간 뒤에 흔적도 없이 사라진 북한 전쟁고아들의 행적을 추적했다.

언젠가 폐쇄된 북한 사회가 개방되고 남북의 자유로운 왕래가 이뤄진다면 그 마지막 빈 곳에 남겨져 있던 퍼즐도 모습을 드러낼 때가 올 것이다. 그때까지 나는 나머지 역사의 퍼즐을 찾는 작업을 멈추지 않을 것이다.

북한 전쟁고아 이동 및 송환 경로
(1951 ↔ 1959)
핀란드
러시아(구 소련)
상트페테르부르크
모스크바
예카테린부르크
시베리아 횡단 철도
노보시비르스크
이르쿠츠크
바이칼호
울란우데
하바롭스크
블라디보스토크
북한
평양
대한민국
몽골
베이징
중국
바르샤바
드레스덴
폴란드
독일
체코
프라하
부다페스트
오스트리아
우크라이나
헝가리
루마니아
부쿠레슈티
세르비아
불가리아
소피아
흑해
터키
지중해
리비아
이집트
북한 전쟁고아 수용 학교
동독
드레스덴
프와코비체
폴란드
바르샤바
오트보츠크
발레치
프라하
체코
부다페스트
오스트리아
헝가리
시레트
루마니아
트르고비슈테
부쿠레슈티
불가리아
반키아
소피아
프로보마이

제1장 북에서 온 아이들

우연히 발견된
북한 아이들의 행적들

"외교부 문서, 즉 모스크바, 베이징, 그리고 평양에 있던 불가리아 대사관에서 보낸 자료에 기초해서 말한다면, 1952년부터 1960년 경까지 동유럽에 머물렀던 북한 고아들은 최소 5,000명 이상이다. 루마니아 2,500명에서 3,000명, 폴란드 1,000명에서 1,400명, 체코 700명, 헝가리 500명, 불가리아 500명 정도가 된다."

– 조단 바에프, 불가리아 역사학자. 영화 〈김일성의 아이들〉 중에서

2019년 1월 7일 나는 뮌헨에서 기차를 타고 첫 번째 목적지인 독일 동부 레겐스부르크(Regensburg)로 향했다. 이미 몇 년 전부터 북한 전쟁고아들에 관한 자료를 모으고 있었던 독일인 베커스 씨 부부를 만나기 위해서였다. 건축가였던 베커스 씨는 한국인 부인을 둔 덕분에 '코리

오벨리스크에 새겨진 북한 아이들의 이름을 발견한 베커스 크리스토퍼

아(Korea)'라는 단어가 들어간 자료들을 모으는 취미가 있었다. 체코를 여행하던 베커스 씨는 우연한 기회에 북한 전쟁고아들이 체코의 시골 마을 발레치에 살고 있었다는 정보를 입수했다. 그 정보는 당시 나에겐 북한 전쟁고아들을 취재할 수 있는 첫 번째 단서였다.

2004년 이전까지만 해도 북한 전쟁고아들의 동유럽 생활에 관한 역사는 숨겨진 역사였다. 대부분이 1950년대 공산주의 시절에 일어났던 사건이다 보니 동구권 나라들이 자유화 된 이후에는 제대로 연구하는 학자들도 많지 않았다. 이런 이유들 때문에 북한 아이들에 관한 행적들도 우연히 발견되는 경우가 대부분이었다. 그 중심에는 동유럽에 유학을 간 한국인 연구자들이 자리잡고 있었다.

이들은 동유럽 언어나 문학을 연구하는 언어학자들이라는 공통점을 갖고 있다. 그들이 처음부터 북한 전쟁고아들의 동유럽 체류 사실을 알고 있었던 것은 아니었다. 대부분의 경우 우연히 여행을 하거나 1950년대 북한과 동유럽 사이에 오고 간 외교 문서를 연구하는 과정에서 뜻하지 않게 북한 전쟁고아들에 관한 자료를 발견한 경우가 많았다.

독일인 베커스 씨 역시 어느 날 신문을 검색하던 중에 체코 한 시골 마을에 '코리아'에서 온 아이들이 살고 있었다는 기사를 발견했다. 젊은 시절 체코어를 배운 덕분에 그는 가끔씩 체코 신문들을 읽곤 했는데 그날 그의 눈에 들어온 기사는 한눈에 그의 시선을 사로잡았다. 오래된 유적지에 세워져 있던 오벨리스크 벽면에 북한 아이들의 흔적이 발견되었다는 내용이었다.

"낯선 이국 땅에서 살아가는 아내를 위해서 'Korea'라는 단어가 들어간 기사나 자료가 나오면 무조건 모으기 시작했습니다. 그러다 어느 날 우연히 오벨리스크에 낯선 한국식 이름이 새겨져 있다는 소식을 알게 되었습니다. 며칠 후 직접 그곳으로 차를 몰고 가서 확인을 했습니다. 7미터 정도 되는 오벨리스크 벽면에 두 명의 이름이 새겨져 있더군요. 사진을 찍어서 한국인 아내에게 보여줬더니 한국인 이름이 맞다고 하더군요. 성을 먼저 쓰고 이름을 나중에 쓰는 한국식 이름이었습니다. 그때가 처음 북한 아이들의 흔적을 발견한 순간이었습니다."

- 베커스 크리스토퍼, 독일 건축가

체코 발레치에서 북한 전쟁고아들 이름이 새겨진 오벨리스크를 발견한 베커스 씨(가운데)와 현지 주민들. 영화 '김일성의 아이들' 중에서

대부분의 북한 아이들의 흔적은 그렇게 우연히 발견되었다. 폴란드 브로츠와프대학에서 한국어학과 교수로 재직하고 있는 이해성 교수도 여기에 해당된다. 2007년 이해성 교수는 딸과 함께 폴란드 브로츠와프에서 100킬로미터 정도 떨어진 프와코비체에 있는 여름 성경학교에 참가했다. 원래부터 그가 그곳에 갈 계획이 있었던 것은 아니었다. 그저 여름 성경 학교에 참석하는 딸을 바래다주기 위해서 차를 몰고 그곳에 갔을 뿐이었다.

그가 도착했을 당시 마을 곳곳에는 오래된 독일식 저택들이 그대로 남아 있었다. 프와코비체는 2차 대전이 끝나기 전까지만 해도 독일 영토였다. 오래된 건물들 사이를 걸으며 산책을 하던 이해성 교수의 눈에 우연히 건물 벽에 새겨진 글씨가 들어왔다. 걸음을 멈추고 글씨를 가까이서 들여다 보고나서 그는 깜짝 놀랐다. 벽면에 새겨진 글씨가 한글이었다. 그것도 억양이나 문체가 우리와 다른 북한식 문체였다.

"1953년부터 1959년까지
조선 전재 고아들인 우리들은
이 학교에서 공부하였다.
파란(폴란드) 인민들의 육친적인
배려는 영원히 잊지 않을 것이다."
1959년 7월 30일
국립 중앙 제2학원 조선 전재 고아 일동

북한 전쟁고아들이 공부했다는 기록이 남겨져 있는 폴란드 오트보츠크학교

폴란드 남서부에 위치한 프와코비체 국립 중앙 제2학교 건물 외벽에 설치되어 있는 기념물.

'조선 전재 고아 일동', '1959년 7월 30일', 이해성 교수 역시 그때까지 동유럽에 거주했던 북한 전쟁고아들의 역사를 전혀 알지 못했다. 그는 마을 주민들에게 학교 건물 벽에 새겨진 글씨에 관해서 물었다. 마을 주민들은 오래 전부터 그곳에 있었던 글씨라고 말을 할 뿐 제대로 된 정보를 알고 있는 사람들이 없었다. 그것이 한글인 것조차 모르는 사람들이 대부분이었다.

'어떻게 이런 폴란드 시골 마을에 한글을 새긴 조형물이 남아 있을까?' 그는 호기심이 발동했다. 이때부터 이해성 교수는 마을의 역사를 연구하는 사람들을 만나 조사를 시작했다. 그리고 그 지역에 관한 놀라운 역사를 발견하게 되었다. 바로 프와코비체 마을에 북한 전쟁고아 1,400여 명이 폴란드 사람들과 함께 살았다는 이야기였다.

"대도시도 아니고 프와코비체는 찾아가기도 어려울 정도로 교통이 불편한 시골 마을이었습니다. 그런 곳에서 한글로 새겨진 글씨를 발견한다는 것은 놀라운 경험이었습니다. 특히 '파란(波蘭)'이라는 단어는 폴란드를 한자식으로 풀어서 쓴 것이어서 한국에서는 사용하지 않는 낯선 표현이었습니다. 나중에 알았지만 벽면에 새겨진 1959년이라는 날짜는 북한 아이들이 그곳을 떠난 날짜를 기록한 것이었습니다. 그때부터 시간이 날 때마다 북한 아이들의 폴란드 이주에 관한 자료를 모으기 시작했습니다."

– 이해성 교수, 폴란드 브로츠와프 대학교 한국어학과 교수

불가리아에서는 학적부 기록보관소를 정리하던 한 교사에 의해서 북한 아이들이 불가리아 학교에서 공부했다는 기록이 발견되었다. 헝가리의 경우에는 부다페스트 외곽에 위치한 한 고아원에서 북한 아이들이 뛰어놀았던 놀이터를 기억하는 사람이 나타났다. 폴란드의 한 학교 창고에서는 북한 공산당 산하 여성단체가 감사의 뜻으로 보낸 붉은색 휘장이 발견되기도 했다.

이렇듯 북한 아이들 행적이 우연히 발견되었다는 사실은 당시 북한 아이들의 동유럽 이주 역사가 매우 은밀하게 진행되었다는 것을 의미한다. 실제로 그들이 머물렀던 대부분의 기숙사와 학교가 위치한 장소는 대도시에서 멀리 떨어진 은폐된 곳에 위치해 있었다. 이런 사정들은 당시 동유럽 각국에서 북한 아이들의 존재를 비밀에 부치려고 했었다는 사실을 보여주고 있다.

나라마다 여러 가지 사정이 있었겠지만 1950년대 동유럽 각국이 아직 2차 세계대전의 여파에서 완전히 벗어나지 못하고 있었던 것과 깊은 연관성을 지니고 있다. 그들로서는 자국의 전후 재건 사업에 몰두해야 했던 시점이었다. 그 나라들 역시 2차 대전으로 병원과 학교가 파괴되었고 수많은 전쟁고아들이 발생했다. 그들을 돌봐줄 수 있는 의사나 간호사도 부족했고 보육원이나 고아원도 턱없이 부족했던 시절이었다. 그런 상황 속에서 낯선 나라 북한에서 온 전쟁고아들을 수천 명씩 돌봐주는 사업에 적극적으로 나설 수 있는 나라들은 없었다.

비밀문서
해제

1990년대 후반부터 구소련의 몰락 이후 비밀 문서들이 해제되면서 북한 전쟁고아들의 동유럽 이주에 관한 역사적 사실들이 하나둘 세상에 공개되기 시작했다. 특히 동유럽 각국 공산당과 정부 사이에서 주고받았던 텔레그램들의 내용을 보면 모든 프로젝트는 소련의 지시에 의해서 진행되었다는 것을 알 수 있다.

　그들의 목적은 한국전쟁으로 발생한 북한 전쟁고아들을 동구권에 이주시켜 사회주의 국가들 사이의 연대를 강화한다는 것이었다. 당시 사회주의 종주국 소련은 각국 대사들과 비밀리에 회동을 거쳐 각 나라의 상황에 맞게 지원 규모를 결정했다. 3천 명이라는 가장 많은 수의 전쟁고아들을 수용한 루마니아는 그나마 경제 상황이 괜찮은 경우에 속했다. 하지만 경제적 어려움에 처하고 있었던 대부분의 동유럽 국가들에게는 소련의 결정이 달갑지 않았다.

결국 소련이 주도했던 북한 전쟁고아 위탁 사업은 동유럽 공산권 정부들과 적지 않은 마찰 속에 진행되었다. 북한 아이들이 도착하기 전까지 각국 공산당과 모스크바의 입장은 서로 달랐다. 전후 복구 사업에 몰두해야 하는 상황 속에서 북한 아이들이 부담이 될 수밖에 없었던 것이다. 심지어 불가리아의 경우에는 공식적으로 아이들을 받아들일 수 없다는 내용의 전문을 모스크바에 보내기도 했다.

전쟁고아들을 수용하는 것은 단지 수용시설을 제공하는 데 그치는 것이 아니라 아이들을 위한 교육과 의료까지 책임져야 하는 복잡한 과제들을 안고 있었다. 게다가 체류 기한이 정해지지 않은 것도 문제가 됐다. 그들 입장에서는 북한에서 온 아이들이 언제 다시 자신들의 고국으로 돌아갈지 예상조차 할 수 없는 상황이었다. 북한의 경제 상황이 호전되는 대로 아이들을 다시 북한으로 돌려보낸다는 조건이 붙었지만 현실적으로 아이들을 되돌려 보낸다는 것은 쉬운 일은 아니었다. 그렇다면 몇 년이 걸릴지 누구도 예상할 수 없는 사업을 수용해야만 한다는 것을 의미했다. 그런 긴 시간 동안 무상으로 의식주를 제공하면서 수백, 수천 명 아이들을 돌본다는 게 사실 쉬운 일은 아니었다.

1950년대 초기 북한 아이들 동유럽 이주는 북한의 전쟁고아 뒷처리 문제를 해결함과 동시에, 사회주의 종주국 소련의 주도권을 강화시킨다는 목적이 맞아 떨어졌다. 북한 내부에서는 전쟁고아 처리를 통해서 리더십을 강화하려는 김일성의 욕심도 작용을 했다. 김일성은 동유럽에 이주한 북한 아이들을 통해서 훗날 동유럽 각국과 독자적인 외교 루마니아 공산당 기관지에 실려 있는 김일성의 감사 전문. 당시 동유럽에서는 김일성을 김일센(Kim Ir Sen)으로 발음하고 표기했다는 것을 알 수 있다.

관계를 확대해 나갈 수 있을 것으로 기대했다. 루마니아에서 발견된 한 텔레그램에는 김일성이 직접 루마니아 정부에 감사 메시지를 담은 공문을 발송한 자료가 남아 있다. 이런 자료들은 북한이 당시 전쟁고아들을 통해서 동유럽과의 외교 관계를 강화하려는 목적이 있었다는 사실을 잘 보여주고 있다.

결국 이런 정치외교적 이해관계가 맞물리면서 북한 전쟁고아 동유럽 이주 프로젝트는 신속하게 진행되어 나갔다. 하지만 실제로 북한 아이들을 받아서 수용하고 돌봐줘야 했던 동유럽 각국 입장에서는 별로 얻을 것이 없는 프로젝트였다. 수천 명의 전쟁고아들을 받아서 수용한다는 막중한 책임만이 그들이 짊어져야 할 몫이었다. 프로젝트가 진행되던 초기, '북한 아이들을 수용할 수 없다'는 내용의 텔레그램들이 곳곳에서 모스크바로 전송된 이유도 바로 여기에 있다. 소련은 경제 지원을 통한 보상이라는 당근과 군사적 압력이라는 채찍을 통해서 북한 전쟁고아 이주 정책을 계속 밀어 부쳤다.

숨겨진 역사를 기록한
사진 앨범

독일인 베커스 씨는 체코 발레치에서 발견한 오벨리스크에 새겨진 두 명의 아이들 이름을 바탕으로 북한 전쟁고아들에 관한 조사를 더욱 발전시켜 나갔다. 그리고 그 과정에서 당시 북한 아이들을 돌봐주었던 한 체코 여성을 알게 된다. 그녀의 이름은 마리에 코페치카(Marie Kopecka)였다.

당시 코페치카 씨는 80대 중반의 나이로 치매에 걸려 요양원에서 생활하고 있었다. 젊은 시절 그녀는 아프리카 모로코에서 생활을 했고 역사에 관심이 많은 사람이었다. 사회주의자로서의 이상을 마음속에 품고 있던 그녀에게 체코에 도착한 북한 전쟁고아들은 남다른 존재들이었다. 그녀는 전쟁의 비극 속에서 부모를 잃고 홀로 버려진 아이들에게 마음이 갔다. 그때부터 코페치카는 자원봉사원으로 북한 아이들을

마리에 코페치카(왼쪽 두 번째)와 체코 발레치 '김일성학원' 보육 교사들.

돕는 일에 참여했다. 이국적인 세계를 동경했던 그녀는 멀리 아시아에서 온 까만 머리 북한 아이들에게 더욱 마음이 갔다.

그렇게 코페치카와 북한 아이들 사이에서 우정과 사랑이 싹텄다. 체코어를 할 수 없는 아이들을 위해서 그녀가 먼저 한국어를 배우기 시작했다. 처음에는 그녀를 낯선 이방인으로 생각했던 북한 아이들도 시간이 지나면서 점점 그녀에게 마음을 열었다. 1956년 아이들이 다시 북한으로 돌아갈 때쯤에는 그들 사이에는 이미 가족과 같은 관계가 형성되고 있었다. 코페치카에게 북한 아이들의 갑작스런 송환은 적지 않은 충격이었다. 그것이 코페치카 씨가 북한 아이들의 행적을 기록에 남기기 시작했던 이유였다.

북으로 아이들이 떠난 이후 코페치카 씨는 그들과 재회할 수 없었다. 그렇게 60여 년의 세월이 흘렀다. 그녀 역시 나이가 들고 몸은 쇠약해져 갔다. 북으로 간 아이들로부터는 더 이상 아무런 연락도 오지 않았다. 하지만 자식처럼 생각했던 북한 아이들에 대한 기억은 쉽게 사라지지 않았다.

2017년 베커스 씨는 어느 날 코페치카로부터 전화 한 통을 받았다. 한 가지 부탁이 있으니 자신이 머물고 있는 요양원으로 와달라는 부탁이었다. 베커스 씨는 서둘러서 그녀가 있는 요양원으로 향했다.

치매에 걸려서 정신이 온전하지 못한 상태였던 코페치카는 자신에게 시간이 많이 남아 있지 않다는 것을 알고 있었다. 그녀에게는 세상에 전해야 할 메시지가 있었다. 바로 자신이 돌봐주었던 북한 전쟁고아들에 관한 이야기였다. 그녀는 힘겹게 베커스 씨의 손을 잡고 자신이 평생 동안 소중히 간직하고 있던 작은 종이 상자 하나를 건넸다.

'누군가는 이 상자 안에 든 것들을 간직해 주었으면 좋겠습니다.
누군가는 꼭 이것들을 잊지 않고 기억해 주었으면 좋겠습니다.'

그것이 마리에 코페치카의 마지막 부탁이었다. 이제 자신은 더 이상 그 물건들을 간직할 수 없을 정도로 기력이 쇠약해졌지만 자신의 죽음과 함께 추억까지 사라지는 것을 그녀는 원하지 않았다. 그녀에게는 세상에서 무엇과도 바꿀 수 없는 소중한 물건들이었다. 베커스 씨는 그녀로부터 종이 상자를 받아들었다. 상자를 열자 그 안에서 북한 아이들의 사진과 편지들이 쏟아져 나왔다. 아이들에게 직접 편지를 쓰기 위해

마리아 코페치카의 사진 앨범에는 1955년도 체코에 머물렀던 북한 아이들 모습이 그대로 담겨 있다.

서 한글 공부까지 했던 마리에 코페치카의 한글 연습장도 있었다.

그녀가 손수 만든 사진 앨범도 있었다. 앨범을 펼치자 사진들 사이에 코페치카가 직접 크레파스로 그려 넣은 꽃과 나무, 아이들이 타고 떠났던 기차 그림들이 눈에 들어 왔다. 사진 옆에는 아이들 이름을 잊지 않기 위해 그녀가 한글로 이름을 적어 놓은 글씨들도 보였다. 1952년부터 1956년까지 4년 동안의 시간이 기록된 그녀의 사진 앨범은 평범한 한 개인의 손으로 기록된 숭고한 삶의 역사였다. 앨범을 한 장 한 장 넘길 때마다 베커스 씨는 그녀의 순수한 마음을 느낄 수 있었다.

사진 속 아이들은 해맑고 평온했다. 전쟁으로 부모를 잃고 머나 먼 낯선 곳에 도착한 아이들이라고는 믿기지 않을 정도로 밝은 표정들이었다. 그리고 그 아이들 옆에 마리에 코페치카가 미소를 지으며 서 있는 사진도 있었다. 사진 속 모습은 너무나도 평온하고 아름다웠다.

베커스 씨는 마리에 코페치카의 사진 앨범과 편지가 가득 담긴 상자를 들고 요양원을 나왔다. 그것이 두 사람의 마지막이었다. 누군가의 눈에는 그저 평범한 사진 앨범 하나였지만 그 안에는 1950년대라는 시공간 속에서 싹텄던 사람과 사람의 순수한 우정과 사랑의 이야기가 담겨 있었다. 그것은 평범한 사람의 손에 의해서 쓰여진 하나의 작은 역사적 기록이었다.

베커스 씨는 그 일을 계기로 북한 전쟁고아들에 관한 자료를 본격적으로 모으기 시작했다. 그 결과 동독 드레스덴에서도 200여 명의 북한 아이들이 생활했다는 사실을 알게 되었다. 소련의 영향력이 미치는 동유럽 곳곳에 북한 아이들이 머물고 있었던 것이다. 그것은 사회주의 국가들 사이에서 광범위한 연대가 있었다는 것을 의미했다.

나는 독일 레겐스부르크에서 베커스 씨가 보관하고 있던 마리에 코페치카의 사진 앨범을 카메라에 담았다. 그녀의 사진 앨범은 동유럽 북한 아이들의 취재를 시작하면서 첫 번째로 접하는 역사적 기록물이었다. 생각보다 사진의 보존 상태도 좋았다. 그녀가 쓴 편지와 북한에서 아이들이 보낸 편지는 놀랍게도 체코어로 쓰여 있었다. 아이들이 오랜 시간 동안 체코에 머물면서 체코어를 완벽하게 구사하고 있었다는 것을 보여주는 증거였다. 몇 장 되지 않는 아이들이 쓴 한글 편지는 맞춤법도 맞지 않고 글씨체도 엉망이었다. 그것에 비하면 펜으로 쓰여진 아이들의 편지는 필기체로 멋을 낸 완벽한 체코어 편지들이었다.

기적이 필요한
이유

'도대체 그녀는 누구였을까?' 사진 앨범을 보자 나는 그녀가 아이들과 만나 함께 생활했던 체코의 그 시골 마을로 당장에라도 떠나고 싶었다. 도대체 그 작은 세계 속에서 북에서 온 아이들과 유럽 여인 사이에서는 어떤 일들이 있었던 것일까? 어떻게 이토록 소박하고 아름다운 사진들이 세상에 존재할 수 있었는지 너무나 궁금했다. 나는 곧바로 레겐스부르크를 떠나 체코로 이동할 준비를 시작했다.

하지만 여정은 처음부터 순탄하지 못했다. 갑자기 출발 예정일부터 레겐스부르크 지역에 폭설이 내리기 시작했다. TV에서는 폭설주의보를 알리는 일기 예보가 계속 이어졌다. 항공위성에 찍힌 짙은 눈구름 사진을 봐도 폭설이 쉽게 걷힐 기미가 안 보였다. 정해진 일정대로 취재를 이어가야 하는 상황에서 이번에는 날씨가 방해가 됐다. 시간이 지날

수록 폭설주의보는 독일 국경지역에서 체코와 오스트리아까지 확장되었다. 날씨 때문에 발목이 잡힌 것이다.

2019년 1월 9일, 다행히 일기 예보에서 폭설이 잠시 그칠 것이란 예보가 흘러나왔다. 더 이상 숙소에 갇혀 있을 수만은 없었다. 도로는 여전히 눈 속에 갇혀 있었지만 지체할 시간이 없었다. 어떻게든 취재를 이어가야만 했다. 우리가 가야할 목적지는 체코 시골 마을 발레치(Valeč). 마리에 코페치카라는 한 체코 여성이 남겨놓았던 사진 앨범에 기록되어 있는 바로 그 북한 아이들이 머물렀던 곳이었다.

레겐스부르크에서 체코 발레치까지는 대략 200킬로미터 정도, 그 곳으로 이동하기 위해서는 독일 동부 국경을 통과해야 했다. 이름하여 '보헤미안 숲(Bohemian Forest)'이란 지역이다. 울창한 침엽수림 사이로 난 작은 도로를 따라 독일과 체코 국경이 서로 연결된다. 일기예보에서는 그 지역 곳곳이 폭설에 길이 막히고 몇몇 곳에서는 눈에 갇혀 고립되는 사람들까지 생겨났다고 보도했다. 눈길에 미끄러진 차량들끼리 부딪치면서 사고가 이어지고 있었다.

엎친 데 덮친 격으로 감기 몸살까지 걸렸다. 취재 준비 때문에 출발 전부터 무리를 했는지 열이 오르고 몸살 기운이 느껴졌다. 대수롭지 않게 생각한 것이 화근이었다. 하지만 더 머뭇거리다가는 레겐스부르크에서 꼼짝없이 갇혀 지낼 수도 있는 상황이었다. 최악의 상황이라도 뚫고 나가야 했다. 눈이 그친 그 하루가 우리에게 주어진 마지막 기회일지 모른다는 조바심도 났다.

결국 목적지를 향한 여정을 강행하기로 했다. 하지만 카메라와 촬영 장비를 담은 배낭에다 돌덩이처럼 무거운 여행가방까지 모두 일곱 개나 되는 짐을 이동시키는 것은 쉽지 않은 일이었다.

레겐스부르크를 벗어나 체코 국경으로 향하는 고속도로를 지날 때 다행히 눈은 완전히 그쳤다. 뒤덮힌 먹구름 사이로 파란 하늘도 보였다. 마치 신이 우리의 여정을 위해 길을 열어주고 있는 느낌마저 들었다. 이번 다큐멘터리 제작을 위해 석 달 동안 유럽을 여행하면서 기적과도 같은 일들은 계속해서 일어났다. 한번은 루마니아에 처음 도착한 날 횡단보도에서 길을 건너려고 하는데 낯선 남자가 다가와 이렇게 말을 건 적도 있었다.

"내가 이렇게 말을 꺼내면 당신들은 어떻게 대답을 하실런지요? '안녕하세요?'"

영어로 말을 시작했지만, 마지막 문장은 또렷한 한국어 '안녕하세요'였다. 어딜가나 이방인들에게 호기심을 보이는 사람은 있기 마련인지라, 그냥 외국 사람에게 말을 걸고 싶은 루마니아 남자이겠거니 하고 생각을 했다. 동유럽에서는 아시아 사람들을 길거리에서 많이 볼 수 없어서 그저 호기심 많은 사람쯤으로 생각을 하고 넘어가려고 했다. 간단하게 남자의 말에 대답을 하고 시선을 신호등 쪽으로 돌릴 때였다. 갑자기 그가 자기 어머니에 관한 이야기를 꺼냈다.

"사실 저희 어머니에게는 아주 친한 친구가 한 분 계셨습니다. 그분은 좀 특별한 분이셨는데요. 어머니는 늘 그 친구 이야기를 들려주곤 하셨죠. 보고 싶은데 다시 만날 수 없어서 너무 아쉽다고 하시면서요. 그분도 당신들처럼 생겼어요. 1950년대 초에 루마니아에 와서 생활했던 북한 전쟁고아였거든요. 저희 어머니와는 같은 학교에 다녔어요."

남자의 말을 듣는 순간 입에서 저절로 탄성이 튀어나왔다.

"뭐라고요! 북한 전쟁고아라고요. 진짜 그게 사실입니까?!"

"그럼요. 제 어머니 사진을 한 장 갖고 있는데 보여드릴까요?"

남자는 지갑에서 오래된 흑백 사진 한 장을 꺼내서 내 앞에 내밀었다. 어릴 적 찍은 어머니와 자신의 모습이 담긴 사진이었다. 나는 그에게 아직 단 한 마디도 북한 전쟁고아에 관해서 이야기를 하지 않은 상태였다. 어머니의 어릴 적 친구였던 북한 전쟁고아 친구를 찾고 싶다는 루마니아 남자를 길에서 만날 확률이 과연 얼마나 될까? 도대체 세상에 이런 인연이 또 있을까?

나는 그에게 루마니아에 온 이유를 설명했다. 1950년대 북한 전쟁고아들에 관한 다큐멘터리를 제작하고 있다는 사실을 말해주었다. 내 말을 듣고 남자 역시 놀라긴 마찬가지였다.

"아니 어떻게 이런 우연이 있을 수 있나요? 사실 오늘 퇴근 후 모임이 있었는데, 집으로 갈 때는 원래 이 길로 다니지 않습니다. 반대쪽 방향으로 해서 버스를 타고 집으로 가는 게 보통입니다. 그런데 오늘은 이상하게 당신들을 만난 이쪽으로 일부러 방향을 바꿔서 길을 걷던 중이었어요. 그리고 횡단보도 앞에 당신들이 서 있길래 아시아에서 온 분들 같아서 말을 붙여 본 것입니다."

그의 입장에서도 너무나 특별한 우연이었다. 그는 내가 말을 꺼내기 전까지 북한 전쟁고아들의 다큐멘터리 제작에 관해서는 알 리가 없었다. 그냥 길거리에서 신호등을 기다리다 만난 생전 처음 보는 남자였을 뿐이었다. 그런 남자가 먼저 말을 걸었고, 1950년대 북한에서 온 한 고아와 자신의 어머니에 관한 이야기를 먼저 꺼낸 것이 전부였다.

우리는 연락처를 교환하고 앞으로 또 기회가 되면 연락을 하자는 말을 남기고 헤어졌다. 집으로 향하는 버스를 타기 위해 루마니아 남자는 그가 원래 가려고 했던 방향으로 서둘러 걸어갔다. 사람이 만나고 헤어지는 일들은 모두 우연과 우연이 겹쳐서 이뤄지는 일들이다. 누군가와 친구가 되는 일도 그렇다. 평생의 친구들, 사랑하는 사람과의 인연, 그런 일들 역시 아주 작은 우연에서 시작된 만남들이다.

루마니아 남자와의 만남도 그런 우연이었을 것이다. 하지만 우연이 상식의 범위를 뛰어넘을 땐 누구나 그 만남에 의미를 부여하기 마련이다. 1950년대 루마니아에 왔던 북한 전쟁고아와 친구였다는 남자의 어머니, 그와의 극적인 만남은 나에게도 진한 여운을 남겼다.

'만약 신이 진짜 있다면, 지금 우리의 길을 보고 있는 것일까? 그래서 이렇게 백만 분의 일도 안 되는 우연을 통해 우리에게 힘을 주고 있는 것일까?'

집으로 돌아와 보니 페이스북 메신저를 통해 그가 보낸 메시지가 한 통 도착해 있었다.

'The moment was Amazing SIGN that there is a God. God bless your journey.' (당신과 만났던 순간은 신이 존재한다는 것을 알려준 놀라운 신호였습니다. 신의 축복이 당신의 여정과 함께 하길…)

우리에게 동유럽 취재는 마치 사막에서 오아시스를 찾는 듯한 느낌이 들 정도로 막막한 느낌으로 시작되었다. 취재 인력이나 제작비 면에서 부족한 것이 한둘이 아니었다. 어떤 단체나 조직으로부터 단 한 푼도 지원받지 못하고 오로지 개인적인 사비를 털어서 시작한 일이었다. 그럼에도 불구하고 2019년 1월 초 용기를 내서 취재 여정에 오를 수 있었던 것은 더 시간을 끌면 끌수록 생존자들을 찾기가 쉽지 않을 것이란 판단 때문이었다. 한국전쟁이 일어난 지도 벌써 70년이란 세월이 흘렀다. 그렇게 오랜 세월이 지나면서 역사적 자료는 먼지 속에 덮이고 북한 전쟁고아들과 함께 생활했던 동유럽의 생존자들도 나이를 먹어갔다. 세상을 떠나는 사람들이 늘어만 갔다.

돌이켜 보면 그런 작은 기적들과 논리로 다 설명할 수 없는 신비한 일들 덕분에 무사히 취재 여정을 끝마칠 수 있었던 것 같다. 누구를 만나서 어디로 가야 할지 방향조차 제대로 잡을 수 없는 상황 속에서 그런 신기한 경험들은 여정을 계속할 수 있는 힘을 주었다. '계속해서 앞으로 걸어가라', 그렇게 누군가 우리가 가고 있는 방향이 옳은 길이라고 속삭이는 느낌도 들었다. 작은 기적들은 바로 그렇게 포기하고 싶은 순간마다 위력을 발휘했다. 힘들어서 다리에 힘이 빠질 때마다 마치 등 뒤에서 누군가 힘을 내라며 밀어주고 있는 느낌도 들었다.

레겐스부르크를 떠난 지 한 시간 정도 후에 우리가 탄 차는 독일과 체코의 국경 인근까지 다다랐다. 자동차의 속도는 도로에 쌓인 눈 때문에 점점 줄어들었다. 독일과 체코 국경을 통과할 때는 온 세상이 흰 눈으로 뒤덮혀 있었다. 숲속으로 난 길 양쪽으로 제설차들이 걷어낸 커다란 눈덩이들이 보였다. 만약 폭설이 그치지 않았다면 쉽게 통과하기 어려웠을 것이란 생각이 들었다.

독일과 체코 국경 사이에 자리잡고 있는 '보헤미안 숲'.

그렇게 다시 십여 분을 달리자 마치 병풍처럼 양 옆으로 펼쳐진 거대한 침엽수림이 등장했다. 레겐스부르크를 떠나기 전 일기예보에서 계속 보도되었던 바로 그 '보헤미안 숲(Bohemian Forest)'이었다. 눈에 덮힌 숲은 안으로 들어갈수록 신비로웠다. 언제부터 숲의 이름에 보헤미안이란 이름이 붙었는지는 알려지지 않는다. 자유로운 방랑자 보헤미안들이 세상을 피해서 은밀한 보금자리를 펼친 곳이 아니었을까, 문득 그런 생각이 스쳤다.

하늘로 높이 솟은 나무들과 곧게 뻗은 도로 사이로 온통 눈으로 가득 찬 세상이 펼쳐졌다. 그 한가운데를 통과하자 곧이어 체코 국경이 나왔다. 지금 유럽에 국경선은 존재하지 않는다. 하지만 유럽 연합이 출범하기 전까지만 해도 독일로 넘어오려는 이방인들이 반드시 거쳐야 하는 국경 검문소가 있던 곳이었다.

잠시 후 대형 의류 매장과 가구와 같은 생활 용품들을 파는 상가들이 이어졌다. 1990년대까지만 해도 독일과 체코 국경 주변에는 베트남 전쟁 이후에 도망친 남베트남 사람들이 모여 살았다. 그들은 주로 잡화나 생활용품들을 팔기도 하고 불법체류자 신분으로 독일에 들어와 무역을 하는 사람들도 많았다. 체코 경찰은 이들의 국경 무역을 제지하지 않았는데 아마도 뒷돈이 오고 가면서 적지 않은 수입을 챙길 수 있었기 때문이었을 것이다.

당시 베트남을 탈출한 남베트남 사람들은 '보트 피플'로도 유명했다. 살기 위해 목숨을 걸고 쪽배에 올라타서 공산화된 베트남을 탈출했던 사람들이었다. 숫자는 무려 400만 명에 이른다. 당시 그들이 탄 보트는 대부분 동력도 없어서 조수에 떠밀려 정처없이 바다를 떠돌았다. 운좋게 싱가폴이나 홍콩 같은 자유 진영에 도착한 사람들도 있었지만 상당수는 풍랑에 휩쓸리거나 식수가 떨어져서 바다에서 사망했다.

심지어 망망대해를 헤매다 호주에서 구출된 사람들도 있었다. 베트남에서 호주까지 2천 킬로미터나 떨어진 거리를 바다 위에서 떠돌아 다녔다는 뜻이다. 그렇게 살아 남은 일부가 유럽까지 흘러와 보헤미안 숲에 자리를 잡았다. 문득 그런 생각을 하니 마음이 숙연해졌다. 눈꽃으로 가득 핀 보헤미안 숲에는 그런 슬픈 역사가 자리잡고 있었다. 숲을 빠져나올 때까지 나라를 잃은 사람들의 슬픔, 살기 위해 목숨을 걸어야 했던 베트남 사람들에 대한 생각들이 머릿속에서 떠나지 않았다.

유럽연합 이전까지는 이곳을 통과해서 독일로 들어가기 위해 차량들의 행렬이 길게 이어졌다. 국경 검문으로 차가 막힐 때는 호객 행위를 하는 길거리 매춘부들도 쉽게 볼 수 있었다고 한다. 어느 곳이나 사람이 살아가는 모습 속에는 절박한 이유가 있다. 이제 더 이상 독일과 체코를 가르는 국경선은 존재하지 않는다. 국경이 사라지면서 장사를 하던 나라를 잃은 베트남 사람들도, 낯선 남자들에게 미소를 짓던 집

프라하의 틴 성모 마리아 교회.

시 매춘부들의 모습도 사라진 지 오래다.

국경을 따라서 나라와 나라 사이에 경계가 생기고, 그 국경선을 따라 사람들의 생활과 문화까지 달라지던 시대에 비하면 현재 유럽의 국경은 그저 지도 위에서나 발견할 수 있는 한 줄기 희미한 선일 뿐이다. 그만큼 지금은 어느 곳에서도 예전의 자취를 확인할 수 있는 흔적들은 찾아보기 어렵다. 세월은 모든 것을 그렇게 덮어버리고 있었다.

갑자기 차창 밖으로 첨탑 지붕처럼 하늘 높이 치솟은 지붕들이 시야에 들어왔다. 대부분 하나같이 검은색 지붕들이었다. 하늘 높이 솟아 있는 건축 양식은 여행 책자에 등장하는 체코 프라하의 틴 성모 마리아 교회와 모양새가 비슷했다. 어느덧 해가 지면서 노을에 물든 뾰족한 첨탑 두 개가 차가운 겨울 날씨 속에 한층 을씨년스러워 보였다. 도

로 위에는 뜻을 알 수 없는 체코어 이정표들도 보이기 시작했다. 드디어 체코 영토로 진입한 것이다.

시간이 지날수록 길은 점점 좁아졌다. 오가는 자동차의 행렬도 줄어들기 시작했다. 구불구불 이어지는 국도를 지나자 잠시 후 발레치 평야가 시야에 펼쳐졌다. 발레치로 가는 길은 오직 하나였다. 중간에 길이 좁아 앞에서 차를 만나면 길 옆으로 차를 빼줘야만 다른 차가 지나갈 수 있을 정도로 도로가 좁은 곳도 있었다.

1953년 경 북한 전쟁고아들 역시 분명 이 길을 지나갔을 것이다. 숲을 지나고 강을 건너자 멀리서 평야 한가운데 자리잡은 마을이 나타났다. 마치 동화 속에서나 볼 수 있는 세상 하나가 눈앞에 나타났다. 뾰족하게 세워진 오벨리스크가 제일 먼저 시야에 들어왔다. 중세의 귀족들이 살았다는 거대한 발레치 성도 보였다. 드디어 목적지인 체코 발레치 마을로 들어온 것이다.

'먼 아시아 동쪽 끝에서 아이들이 왔습니다. 그들은 얼굴색도 다르고 말도 달랐습니다. 두려움에 젖은 눈동자, 전쟁의 공포에서 벗어나 멀고 먼 체코 시골 마을까지 그렇게 아이들이 왔던 것입니다. 처음엔 체코에서도 아이들은 환영받을 수 없었습니다. 아이들의 존재는 철저히 비밀에 부쳐졌습니다. 동화 속 마을처럼 숲 속에 숨어 있는 발레치에서 아이들은 세상과 등진 채 남몰래 생활해야 했습니다.'

- 베커스 크리스토퍼, 독일 건축가

북한 아이들의 기숙사,
발레치 성

발레치는 체코 수도 프라하에서 서쪽으로 150킬로미터 떨어진 곳에 위치한 인구 640명의 작은 시골 마을이다. 그곳에는 18세기 중반에 세워진 바로크 시대 귀족의 성 하나가 남아 있었다. 발레치 캐슬(Valeci Castle)이라는 이름이 붙어 있는 그곳에서 북한 아이들은 4년 동안 생활했다.

　　2차 세계대전 이전까지 발레치는 체코와 독일이 번갈아 지배를 했다. 주데텐란트(Sudetenland)라고 불렸던 그곳은 예전부터 독일인과 체코인이 함께 거주했던 지역이었다. 1938년 나치 독일은 그곳에 예전에 게르만 조상들이 거주했다는 이유로 체코슬로바키아 서부 지역을 강제로 독일 땅으로 병합시켰다. 발레치 지역에 독일풍 가옥과 문화가 남아 있는 것은 그런 이유였다. 하지만 2차 대전이 연합군의 승리로 끝나면서 패전국 독일은 전쟁의 책임을 물어 발레치 지역을 다시 체코에 넘겨야 했다. 전쟁과 대립이 반복되는 가운데 발레치 마을 주인은 계속 바뀌었다.

발레치에 도착해서 마을로 들어가는 입구에 가장 먼저 눈에 띈 것은 커다란 오벨리스크였다. 전쟁의 승리를 기념하거나 왕의 위업을 강조하기 위해서 고대 이집트에서 설치했던 오벨리스크가 체코의 시골 마을 입구를 지키고 있었다. 고대 유적지를 상징하는 오벨리스크를 체코의 작은 시골 마을에서 보게 될 줄은 상상도 못했다. 예전부터 유럽에서는 바로크 양식의 건물을 지을 때 정점이 되는 위치에 오벨리스크를 세우는 전통이 있었다. 오벨리스크는 마을과 마을 사이의 경계선이자 랜드마크 같은 역할을 했다. 발레치 어디서나 바라볼 수 있고 누구나 기억할 수 있는 곳에 오벨리스크가 자리를 잡고 있었다.

발레치에는 아직도 중세 바로크 양식 건축물들이 곳곳에 존재하고 있었다. 1727년 경에 세워진 발레치 성은 시골 마을에 어울리지 않게 제법 웅장한 규모를 자랑하고 있다. 2차 대전 이후 독일 귀족들이 추방되면서 발레치 성은 현재 체코 정부의 소유물이 되었다. 발레치 성은 전쟁이 한창이던 당시에는 전쟁 부상자들을 위한 요양원으로 사용되었다. 그 뒤에 다시 부모를 잃은 전쟁고아들의 수용 시설이 되었다. 1976년에는 발레치 성에 큰 화재가 발생하면서 지붕이 무너져 내렸다. 이 사고로 인해서 1950년대 북한 전쟁고아들이 머물렀던 흔적들도 사라져버렸다.

기록에 의하면 북한 전쟁고아들은 1952년부터 1956년까지 약 4년

1950년대 초반 북한 아이들이 생활했던 바로크 양식의 체코 발레치 성.

동안 100여 명이 함께 생활을 했다. 아이들이 생활했던 발레치 성은 체코 공산당 정부에서 특별히 제공해준 장소였다. 온천으로 유명한 관광도시 카를로비바리에서도 수십 킬로미터나 떨어져 있어 그곳은 외부에 잘 알려지지 않은 은신처와도 같았다. 북에서 온 아이들을 은밀하게 수용하기에 최적의 장소였다.

　　이렇듯 외부 세계로부터 차단되고 고립된 장소에 북한 전쟁고아들의 기숙사를 마련했다는 사실은 다른 모든 동유럽 국가들에서도 공통적으로 나타나는 현상이었다. 1955년 경부터는 소수 인원을 선발해서 특별 기숙사를 운용하기도 했는데 대부분 선전용 기숙사들이었다. 그때부터 아이들은 본격적으로 대도시 주변으로 진출하기 시작했다. 불가리아의 경우 아이들이 부유한 계층들의 휴양도시 반키야라는 도시에서 수도 소피아에 있는 학교까지 한 시간 가량 통학을 했다는 기록도 발견되었다. 불가리아 정부는 이때 80여 객실이 마련된 호텔 하나를 통째로 아이들을 위해 제공했다.

동유럽에 이주한 지 3, 4년이 지난 1955년 경부터 아이들은 대규모 인원이 수용되었던 은폐된 시골 마을과 소수의 엘리트들로 구성된 대도시 지역으로 나뉘어서 생활한 것으로 알려지고 있다.

시간이 지나면서 나이가 차서 상급학교에 진학해야 하는 경우나 머리가 똑똑한 아이들이 주로 대도시 인근 현지 학교로 이주했다. 폴란드 바르샤바 인근 오트보츠크, 루마니아 부쿠레슈티 인근 투르고비쉬테, 불가리아 반키야 등이 여기에 해당된다.

헝가리의 경우에도 소수 아이들이 머물렀던 곳은 수도 부다페스트 외곽에 자리잡고 있다. 북한 아이들은 헝가리 아이들과 같은 교실에서 수업을 받았다. 대부분 대도시 지역의 학교와 기숙사들은 프로파간다를 목적으로 하는 공산주의 선전 영화를 제작하는 장소로 활용되기도 했다.

당시 기록필름이나 사진 속에는 의도적으로 연출된 장면들도 많이 등장하고 있다. 북한에서 온 아이들 중에는 영화 속 주인공처럼 과장된 연기를 하는 아이들도 있었다. 전쟁으로 부모를 잃고 실의에 빠진 뒤 다시 일어나서 사회주의 조국 건설에 역군이 되자는 구호를 외치는 아이들의 모습은 나에게도 무척 흥미로운 장면이었다. 북한 전쟁고아 수용이라는 인도주의적인 프로젝트가 실제로는 사회주의 이데올로기를 선전하고 강화하기 위한 프로파간다의 성격을 지니고 있었던 것이다.

"그 당시는 1950년대라는 것을 기억해야 합니다. 소련은 어떻게 해서든 전 세계에서 자신의 영향력을 확대하고 싶었습니다. 동유럽 국가들이 서유럽 국가들보다 훨씬 낮다는 것을 보여주고 사회주의 연대와 국제주의를 보여주기 위한 상징적인 활동이 필요했습니다. 한국전쟁이 벌어졌던 나라에서 온 아이들은 그래서 더 특별했던 것입니다. 미 제국주의자들에 맞서 싸우고 있는 공산주의 국가를 다른 공산주의 국가들이 도와주고 고통을 분담해야 한다는 프로파간다가 작동된 것입니다."

- 욜란타 크리소바타, 폴란드 저널리스트

아이들의
첫인상

그렇다면 1950년대 동유럽에 왔던 북한 아이들은 어떤 아이들이었을까? 동유럽 생존자들과 만나 인터뷰를 하면서 제일 궁금했던 것은 바로 아이들 첫인상에 관한 것이었다. 60년 세월이 흘렀지만 그들은 처음 만난 순간부터 헤어질 때 순간까지 상황을 모두 정확하게 기억하고 있었다. 나이와 이름, 얼굴 생김새, 심지어 마지막 헤어지면서 나눴던 이야기를 기억하는 사람도 있었다.

> **"아이들은 기차를 타고 왔어요. 1952년 겨울이었던 것으로 기억해요. 불가리아 학생들 모두가 북한 아이들을 환영하기 위해서 역으로 마중을 나갔어요. 그날은 눈이 아주 많이 내렸어요."**
>
> - 카타 파넬루토바, 불가리아 북한 전쟁고아 동창생

불가리아 학생들은 기차 시간에 맞춰 역으로 나가 멀리 북한에서 온 아이들을 환영했다.

"기차에서 아이들이 내리던 장면이 아직도 기억나요. 다들 깨끗한 복장이었어요. 나중에 들었는데 소련에서 유니폼으로 모두 갈아 입었다고 하더라구요."

– 페트로브 콜레브, 불가리아 북한 전쟁고아 동창생

"처음에는 대화가 어려웠어요. 제스처로 소통을 했죠. 나중에는 같이 지내는 시간이 많았기 때문에 그렇게 힘들지 않았고 행사가 있을 때도 같이 참석을 했어요. 기억 나는 일이 한 가지 있는데 같이 공부하던 전쟁고아 남자아이가 맹장염에 걸려서 병원에 입원한 적이 있었어요. 내 여동생도 그때 아파서 같은 병실에 입원해 있었죠. 어머니가 같은 병실에서 여동생 간호를 했는데 북한 아이가 말이 잘 안 통하니까 저희 엄마가 도와줬나 봐요. 그래서 그 친구가 엄마를 무척 좋아했어요. 그래서 퇴원하고도 계속 집에 놀러 왔죠. 북한에서 부모님이 의사였는데 모두 돌아가셨다고 하더군요. 전낙원이라는 그 친구 이름이 아직도 기억이 나네요."

– 릴카 아나타소바, 불가리아 북한 전쟁고아 동창생

"처음 봤을 때부터 예의가 잘 갖춰진 아이들이라 생각했어요. 그리고 그들이 저희를 신기하게 쳐다보듯 저희도 신기하게 쳐다봤었죠. 그 다음 엄청 친해지긴 했지만요. 하지만 제가 가장 놀랐던 건 북한 학생들의 태도였어요. 북한에서 정말 힘들게 생활했음에도 불구하고 평온해 보였거든요. 그들은 같이 놀 때나 같이 수업할 때나 항상 열정적인 자세로 임했어요. 학구열이 높았다고 할 수 있죠. 정말 준비된 학생들이었죠."

– 릴카 아나타소바

폴란드에서 북한 아이들을 가르쳤던 교사 할리나 도벡 씨는 아이들이 처음 도착해서 음식 때문에 적응을 하지 못하는 아이들이 많았다고 증언을 했다. 하지만 1년 정도가 지나서 아이들은 유럽 음식에 완전히 적응했다. 쌀밥 대신 치즈나 마카로니 같은 음식을 즐기기 시작했고, 몇몇 아이들은 직접 자신들의 손으로 김치까지 만들어서 먹을 정도였다.

"아이들의 집에는 특별히 메뉴라고 할 만한 게 없었어요. 당시 폴

란드에도 물자가 그렇게 풍족하지는 않았기 때문이죠. 아이들은 텃밭에서 채소를 길렀어요. 나중에 그걸 따다가 자기네 식대로 버무려서 음식을 해서 먹더군요. 오래된 신 배추(김치)였어요."

- 할리나 도벡, 폴란드 북한 전쟁고아 학교 교사

"아이들 사이에서는 반장이 있었어요. 위 아래가 명확했죠. 아직도 그들이 쓰던 단어들이 기억 납니다. '오라', '가라', 그리고 '새끼야!'. '새끼야'라는 단어는 개를 뜻하는 말이었던 것으로 기억해요. 상급생이 하급생을 부를 때 쓰던 말이었죠."

- 스타니스와프 바할, 폴란드 북한 전쟁고아 학교 교사

동유럽 5개국에서 어렵게 수소문해서 찾아낸 생존자들은 모두 놀라울 정도로 기억이 구체적이고 정확했다. 심지어 불가리아에서는 북한 아이들과 함께 불렀던 노래를 기억하는 노인도 있었다.

"장백산 줄기줄기 피어린 자욱, 압록강 굽이굽이 피어린 자욱, 오늘도 자유조선 꽃다발 우에… 아. 그 이름도 빛나는 김일성 장군."

인터뷰를 하면서 옛날 추억을 회상하던 노인은 갑자기 노래를 부르기 시작했다. 노랫말은 놀랍게도 한국어였다. 노인이 1절을 마치자 주변에서 인터뷰 순서를 기다리던 다른 할머니들이 카메라 앞으로 다가왔다. 그들은 함께 노래를 합창했다. 노래를 마친 뒤에는 '김일성 만세'

를 소리 높이 외쳤다.

당시 현장에서 그들의 모습을 카메라에 담으면서 나는 그들이 부르는 노래가 무슨 노래인지 몰랐다. 나중에 확인한 결과 그 노래는 <김일성 장군의 노래>였다. 노래 가사는 전부 김일성의 업적을 찬양하는 노랫말로 되어 있었다. 한국어를 전혀 할 줄 모르는 불가리아 노인들이 60년이나 지난 시점까지도 김일성 찬가를 정확하게 기억하고 있다는 사실이 놀랍기만 했다.

"그 친구들한테 배웠죠. 북한 아이들이 거의 매일같이 부르던 노래였어요. 그래서 우리들도 자연스럽게 머릿속에 외우게 되었던 것 같아요."

- 베셀린 콜레브, 불가리아 동창생

놀랍게도 김일성 찬가가 만들어진 시점은 1947년, 해방 이후 남과 북에 국가와 헌법의 형태도 제대로 갖춰지지 않았던 혼란스러운 시기였다. 탈북자들 증언에 의하면 현재도 북한에서는 공식적인 애국가보다 더 중요하게 부르고 있는 노래가 바로 김일성 찬가라고 한다. 김일성 우상화 작업이 우리들의 생각보다 훨씬 오래 전부터 준비되고 진행되어져 왔음을 알 수 있게 해주는 단서들이다.

김일성 찬가를 매일같이 불렀다는 불가리아 노인들의 증언은 나중에 동유럽 각국에서 발굴한 기록필름을 통해서도 다시 확인할 수 있었다. 동유럽 5개국에서 만났던 모든 생존자들은 북한 아이들이 매일같

영화 '김일성의 아이들'
제작을 위해 불가리아
북한 전쟁고아 동창생
베셀린 콜레브 씨를
인터뷰하는 필자.
북한 전쟁고아들의
불가리아 동창생들.
(사진 아래).

이 아침 조회 시간마다 김일성 찬가를 불렀다고 증언하고 있다. 아이들은 비록 머물고 있던 나라는 서로 달랐지만 모두가 똑같이 정해진 아침 시간에 기상을 해야 했고 똑같은 아침조회 프로그램을 진행해야 했다. 수만 킬로미터 떨어진 동유럽에서도 김일성 우상화 작업은 매일 반복적으로 강도높게 이뤄졌다. 불가리아 노인들이 불렀던 '김일성 찬가'는 1950년대 북한의 김일성 우상화 작업이 얼마나 강도 높게 진행되었는지를 증언해주는 생생한 사례였다.

북한 아이들의
성적표

이번 취재를 통해 그동안 역사에 묻혀 있었던 비공개 자료들도 발굴되었다. 북한 아이들의 이름과 출신 고장, 생활 방식을 기록한 생활기록부는 아이들의 특성을 구체적으로 파악할 수 있는 소중한 자료였다. 북한 아이들의 생활기록부 속에서는 아이들의 성적표도 함께 발견되었다. 성적표에 남아 있는 기록들은 낯선 나라에서 아이들이 얼마나 열심히 공부를 했는지를 짐작케 한다. 아이들은 현지 언어를 제외하고 대부분 과목에서 높은 점수를 받았다. 특히 수학이나 과학 같은 이공계열 과목에서는 유럽 아이들보다도 훨씬 앞섰다.

"이 학생의 이름은 안혜금이었습니다. 태어난 날짜는 1940년 8월 22일, 고향은 청진이었네요. 여자 아이였고, 불가리아어도 꽤 잘

했네요. 만점이 별 6개인데 이 아이는 불가리아어에서 4개를 받았으니까요. 낯선 언어였을 텐데 그래도 이 정도면 잘한 셈이죠. 1952년에 도착해서 1959년까지 있었네요. 수학, 과학, 천문학, 역사, 지리학, 체육, 음악, 미술, 골고루 다 잘했어요. 10학년 때는 성적이 좋았는지 월반을 했다는 기록도 있습니다.”

- 니콜라이 니콜로프 불가리아 프로보마이 36번학교 역사 교사

112년이 된 불가리아 소피아의 18번 학교에서부터 반키야 78번 학교까지 아이들 가운데 적응이 잘 된 아이들은 여러 곳으로 학교를 옮기며 생활했다. 헝가리 경우에는 기술학교에 진학해서 탄광기술을 배우거나 직물공장에 연수를 간 아이들도 있었다. 당시 북한에서 가장 절실하게 필요했던 것은 탄광 기술이었다. 이것은 동유럽의 앞선 기술을 전수받아서 훗날 북한에 필요한 기술자로 양성하기 위한 목적으로 진행되었다.

하지만 이런 계획은 1956년 동유럽에 불어 닥친 자유화의 바람으로 인해서 모두 취소되었다. 동유럽의 급변하는 정세는 곧바로 아이들의 갑작스런 북한 송환으로 이어졌다. 유럽에서 이미 오랫동안 생활하면서 새로운 친구를 얻고 부모와 같은 가족을 얻은 아이들에게는 또다시 생이별을 해야 하는 순간이 다가오고 있었던 것이다. 그것이 비극의 시작이었다. 아이들은 전쟁으로 고통 받는 땅에서 유럽으로 왔고, 낯선 곳에서 살아남기 위해 적응했다. 그곳은 아이들에겐 마음의 고향이었다. 갑작스런 송환은 아이들에게는 또 한번의 비극을 의미했다.

대부분 동유럽 학교에서 아이들의 생활기록부를 찾는 것은 쉬운 일이 아니었다. 세월이 너무 오래 흘러버린 탓에 자료가 어디에 남아 있는지 정확한 파악이 불가능했다. 60년이란 오랜 세월 동안 그 누구도 북한 전쟁고아들에 관한 기록을 찾는 이가 없었다. 결국 학교에 근무했던 옛 교사들의 기억을 더듬어서 일일이 창고 속에 들어가 자료를 찾는 수밖에 다른 도리가 없었다.

　　불가리아 프로보마이에서는 학교 서류 보관 창고에 방치되어 있던 자료를 극적으로 찾아냈다. 먼지로 가득한 창고 속에서 불가리아 교사들은 몇 시간 동안 자료를 찾기 위해 땀을 흘렸다. 백여 권에 달하는 생활기록부들 속에서 일일이 페이지를 넘겨가면서 북한 아이들의 이름을 찾는 작업은 말 그대로 고역이었다. 낡은 창고 안은 난방이 제대로 되지 않아서 한겨울 매서운 바람이 유리 창문 사이를 뚫고 안으로 들어왔다. 이야기를 하려고 입을 조금만 벌려도 냉기 때문에 계속해서 입김이 뿜어져 나올 정도였다. 마치 냉동 창고 속에 들어온 기분이었다. 남의 일이라고 생각했으면 아마 선뜻 도와주겠다고 나서지도 않았을 것이다.

　　그런 어려움 속에서도 불가리아 교사들은 끝까지 자료를 찾는 일을 포기하지 않았다. 덕분에 소중한 자료들이 세상에 공개될 수 있었다. 다시 한번 이런 자리를 빌어서 어려움 속에서도 끝까지 포기하지 않고 자료를 함께 찾아주었던 불가리아 프로보마이 36번 학교 니콜라이 니콜로프 선생님께 진심으로 감사드린다.

　　도대체 그날 니콜라이 선생님은 어떤 이유로 그 힘든 작업을 포기하지 않고 계속했던 것일까? 낯선 나라 코레아라는 곳에서 온 손님 같

불가리아 소피아 18번 학교에서 발견된
북한 전쟁고아의 생활기록부.

은 아이들의 기록을 70년이 지나서도 버리지 않고 간직하고 있는 사람들을 묵묵히 바라보고 있노라니 왠지 숙연한 느낌이 들었다. 그렇게 한참을 서류 더미에서 헤매고 있던 니콜라이 씨가 갑자기 큰 소리로 뭔가를 찾았다며 큰 소리로 외쳤다. 낯선 키릴 문자로 깨알같이 기록되어 있는 북한 아이들의 이름들이었다.

"여기 모여 있었네요. 여기 다 있었어요. 북한 아이들이 우리 학교에서 공부한 자료들이 모두 모여 있습니다!"

니콜라이 씨는 불가리아어로 쓰여진 북한 아이들 이름을 하나 하나 읽어내려갔다.

"고동현, 조만기, 박은천, 구동칠, 차명식, 박규자, 장진성, 손경자, 천봉호, 리연복, 박영찬, 장선남, 리정유, 김성만, 권찬일, 리상종, 조경춘, 양진철, 전대식, 강정우, 김종선, 김주남, 김경화, 안선화…"

아이들 이름은 끝없이 이어졌다. 숫자를 다 셀 수도 없을 만큼 많은 북한 아이들의 생활 기록부가 세상에 처음 모습을 드러내는 순간이었다. 불가리아 교사도 아이들 이름이 적힌 생활기록부를 읽으면서 마음이 숙연해진 것 같았다. 그의 목소리가 떨렸다.

"정말 한참을 찾았네요. 여기에 아이들의 고향과 태어난 날짜까지 자세하게 적혀 있습니다. 이 옆 칸에는 아이들이 받은 모든 성적들도 적혀 있는 게 보이시죠? 아이들이 참 열심히 공부했네요. 낯선 나라에 와

불가리아 프로보마이 36번 학교 창고에서 1950년대 북한 전쟁고아들의 생활기록부를 찾아낸 역사 교사 니콜라이 니콜로프.

서 쉽지 않았을 텐데… 불가리아 선생님이 마지막 칸에 이렇게 적어 놓았군요. '이 학생은 다음 학년에 진학할 수 있다'… 담임 선생님이 옆에 사인까지 해놓았네요. 이거 정말 감동입니다."

"김기연이란 학생은 1956년에 와서 8학년에 입학을 했군요. 1958년까지 학교에서 공부를 한 것 같습니다. 이후의 자료는 없네요. 아이들마다 조금씩 머물렀던 기간이 다르다는 것을 확인할 수 있습니다. 대략 1952년에 와서 1958년과 1959년 사이에 북한으로 돌아갔군요."

"장선화 학생은 불가리아어, 러시아어, 수학 등에서 골고루 높은 점수를 받았습니다. 6점이 제일 높은 점수이니까 4,5점 정도면 괜찮은 성적입니다. 여기 보니까 한국어 과목도 있었네요. 한국어를 따로 지도했다는 것을 확인할 수 있는 자료가 되겠네요. 그런데 이 학생은 한국어가 4점밖에 안 되네요. 한국에서 왔는데 왜 이렇게 못했을까요? 한국에서 왔으니까 그래도 6점을 받아야 했을 텐데 말입니다."

"이 학생 이름은 리정상이었습니다. 고향은 천진이었네요. 1940년생이니까 15살 때 불가리아에 왔네요. 아버지에 관한 직업난도 있습니다. 이 학생은 아버지가 있었네요. 노동자라고 적혀 있습니다. 리찬삼이 그 학생의 아버지 이름이었던 것 같습니다. 신기하네요. 이런 자료가 있다는 사실이…"

"김주남, 이 학생은 특이하게도 평양 출신이네요. 대부분 지방 출신들이 많은데 유독 이 학생은 평양 출신으로 기록되어 있습니다. 흔하지 않은 경우입니다. 1942년 11월 17일에 태어난 학생이었습니다. 공부를 아주 잘했네요. 성적이 전 과목에서 높은 점수를 받은 것을 보니까."

북한 아이들 중에서 평양 출신이 있었다는 자료는 불가리아 소피아 18번 학교에서도 발견되었다. 소수이긴 하지만 평양 출신 자제들이 북한 전쟁고아들 속에 포함되어 있었다는 것을 보여주는 자료였다. 아마도 당 고위 간부의 자제였을 가능성이 높아 보였다. 자료는 고향이 남쪽으로 되어 있는 아이들도 있었다. 한국전쟁 과정에 전선이 남과 북으로 계속 이동하면서 북으로 끌려간 아이들이 전쟁통에 부모를 잃고 동유럽까지 온 경우에 해당된다. 심지어 폴란드에서는 북한 전쟁고아들 틈에 아버지가 있는 아이들도 있었다는 증언도 나왔다.

"부모님이 있는 아이들이 있었다는 것은 그 당시 알 만한 사람은

다 아는 비밀이었습니다. 아마도 고위 간부의 자제였을 가능성이 높습니다. 어느 날 그 아이 아버지가 학교를 방문한 적이 있었죠. 규정에 따라서 자신이 아이 친아버지라고 밝히지 못하고 그냥 얼굴만 보고 돌아간 것이었죠. 부모가 살아 있다는 것을 다른 전쟁고아들이 알게 되면 곤란한 상황이 될 테니까 말입니다. 부모와 자식이 서로 얼굴만 보고 아는 체도 할 수 없는 처지였던 것입니다."

- 스타니스와프 바할, 폴란드 북한 전쟁고아 학교 교사

전쟁의
트라우마

"북한 고아들은 육체적으로 뿐만 아니라 정신적으로도 고통을 받고 있었습니다. 왜냐하면 전쟁을 목격한 아이들이기 때문입니다."

- 드미트리 크리스토프, 불가리아 반키야 78번 학교 역사교사

"한 번은 군사훈련 때문에 전투기가 마을 위로 날아간 적이 있었습니다. 그러자 아이들이 소리를 지르고 난리가 났었죠. 북한 아이들은 공포심에 떨면서 선생님 뒤로 가서 껴안고 숨었어요. 전쟁에 대한 아픈 기억 때문이었을 겁니다. "

- 보리스 보야지에브, 불가리아 동창생

그런데 문제는 그런 마음의 상처를 쉽게 하소연할 곳이 없었다는

루마니아 시레트 북한 전쟁고아들의 모습. 유럽 교사들은 아이들을 위해서
가끔씩 야외로 나가서 수업을 하고는 했다.

점이다. 대부분의 아이들은 상처를 감추고 살아야 했는데 그것은 유럽
생활에 적응하지 못하는 아이들은 다시 북한으로 송환되었기 때문이
다. 북한 교사들은 적응에도 경쟁을 붙였다. 유럽에서 살아남기 위해서
는 적응도 잘해야 했다.

　　동유럽 북한 전쟁고아들 학교 곳곳에서는 엄격한 감시와 규율이
작동되고 있었다. 그 속에서 적응하지 못하는 아이들은 정신이상자나
병든 아이로 분류돼서 유럽을 떠나야 했다. 아이들이 자신의 고통을 감
추려 했던 것은 바로 이런 이유 때문이었다. 하지만 이런 아이들 심정을
누구보다 잘 이해한 것은 유럽 교사들이었다. 그들은 일부러 야외 학습
이라는 핑계를 대고 아이들을 숲으로 데리고 갔다. 그곳에서는 북한 교
사들 눈치를 보지 않아도 되기 때문이었다. 숲속에서 자연의 아름다움

과 일상의 작은 행복이 무엇인지 아이들 스스로 배울 수 있도록 했다. 아이들에게 교실에서 느낄 수 없는 자유를 만끽하게 해주었던 것이다.

> **"아이들과 함께 숲으로 가면 북한에서 파견된 감시관들이 사라지자마자 폴란드 선생님들이 아이들에게 소리쳤습니다. '얘들아! 이제 발맞춰서 행진할 필요 없어' '다른 사람 눈치 볼 필요도 없어' '이제부턴 마음껏 뛰어 놀아라! 너희들은 자유야!'"**
>
> - 욜란타 크리소바타, 폴란드 저널리스트

대부분의 아이들은 시간이 지나면서 현지 언어를 습득하고 동유럽 사람들과 허심탄회하게 의사소통을 나눌 수 있었다. 동유럽의 세련된 문화와 생활 방식을 몸으로 습득하기도 했다. 원래 어린 아이들일수록 새로운 환경에 적응하는 속도는 빠르다. 북한 아이들이 현지 언어를 습득하는 속도는 놀라울 정도였다. 오히려 5세 미만 아동들의 경우에는 모국어를 잊어버리고 한글 쓰기를 힘들어 하는 경우도 나타났다. 7, 8년이란 긴 시간이 아이들의 정체성을 변화시키기 시작한 것이다.

시간이 지날수록 전쟁의 트라우마와 자신들을 둘러싼 이국적인 환경, 낯선 문화로 인해서 자신들의 정체성에 대한 고민을 하는 아이들도 늘어갔다. 자신이 '코리안'인지, 아니면 '유러피언'인지 헷갈려하는 아이들이 많아졌다.

북한 당국은 이를 위해서 직접 북한인 교사를 유럽에 파견해서 아이들 교육을 담당했다. 그들이 담당했던 과목은 언어와 역사, 그리고 북한의 헌법이었다. 아이들이 나중에 북한으로 귀국해서 정상적인 생활을 할 수 있도록 취해진 조치들이었다. 하지만 시간이 지날수록 갈등은 커졌다. 갈등의 시작은 사고방식의 차이, 즉 집단주의와 개인주의 사이의 확연한 차이 속에서 발생했다.

현지에서 진행되었던 아이들 교육은 강압적이고 획일적이었다. 아이들이 무엇을 공부하고 어떤 꿈을 키울 것인가에 관한 결정은 모두 동유럽 주재 북한대사들이 결정을 했다. 아이들 중에는 예술가가 되고 싶어한 경우도 있었지만, 자신이 하고 싶은 것을 스스로 결정할 권리는 없었다.

"북한 교사들의 교육은 철저히 조직적인 명령에 의해서 진행되었습니다. 개인의 특성에 맞는 자유로운 선택은 존재하지 않았어요. 그것 역시 아이들의 적응을 어렵게 한 원인이었습니다. 아이들은 싫든 좋든 교사와 관리자가 시키는 대로 움직여야 했습니다. 북한의 폐쇄적인 조직 문화가 이미 1950년대 유럽 땅에서 실험되고 있었던 것입니다."

- 실비아 쉬츠, 폴란드 북한 연구원

동유럽 문화는 비록 공산주의 체제라 할지라도 '개인주의'에 바탕을 두고 있다. 유럽 근대 시민사회를 형성했던 합리주의적인 사고방식 역시 개인주의적인 철학에서 발전했다. 문제는 북한에서 온 교사들이 주도했던 교육 시스템이 개인보다는 철저하게 집단을 강조하는 방식에 초점이 맞추어져 있었다는 점이다. 획일적인 생활 방식, 개인보다는 전체를 강조하는 교육 등은 유럽의 교사들과 잦은 충돌을 일으켰다.

북한 전쟁고아들이 유럽에서 생활을 시작하던 초기에는 심지어 유럽 교사들이 아이들을 안아주거나 애정을 보여주는 것조차 금기시됐을 정도다. 아이들과의 신체적 접촉이나 애정 표현이 아이들을 자칫 나약한 존재로 만들 수 있을 것이란 우려 때문이었다. 사실 그런 주장은 당시 동유럽 교사들 입장에서는 말도 안 되는 비인간적인 것들이었다. 어떻게 사람 사이에 애정을 표시하는 것을 금지시킬 수 있단 말인가. 동유럽 교사들은 즉각 반발했다.

하지만 북한 교사들 역시 한치도 물러설 뜻이 없었다. 그들 입장에서는 조금의 헛점이라도 보인다면 그것은 전체 아이들을 통제할 수 없는 상황이 벌어질 수 있다는 것을 의미했다. 1950년대 초반에 유럽인 교사와 북한 교사들 사이의 대립과 충돌은 곳곳에서 일어났다. 결국 아이들 정신 교육에 해당하는 것은 북한 교사들이 담당하고, 동유럽 교사들은 예술 교육을 맡는 선에서 합의점을 찾았다. 역할을 나누기로 결정한 것이다. 북한 교사들은 자신들이 아이들 교육에서 주도권을 지킬 수 있다고 만족해 했지만 그것은 하나만 알고 둘은 모르는 일이었다. 동유럽 교사들이 담당했던 예술 교육이 아이들을 새로운 가치관을 지닌 존재들로 변화시킬 것이라고는 예상하지 못했기 때문이다.

거의 모든 동유럽 북한 전쟁고아 학교 내에는 철저한 위계 질서와 감시 시스템이 작동하고 있었다. 열 명 남짓한 인원으로 구성된 소조에는 반장이 있었고 그들을 감독하는 조장도 있었다. 그들의 생활은 철저하게 조직되었고 관리되었다. 개인의 자유란 조금도 허용되지 않았다. 그것은 유럽의 자유로운 생활 분위기와는 어울리지 않는 삶이었다.

"공산주의가 그렇듯이 같이 온 선생님들 사이에서도 그들 사이를 감시하는 사람이 있었던 것 같습니다. 아이들 교육을 철저하게 잘 하고 있는지 항상 점검했죠."

- 이해성, 폴란드 브로츠와프대학 한국어학과 교수

이런 가운데 아이들 중에서 자연스럽게 유럽식 자유주의를 받아들이기 시작한 아이들이 나타나기 시작했다. 그들은 수업 시간 중에도 북한 교사들과 충돌을 했다. 김일성 우상화 교육에 회의를 품는 아이들도 있을 정도였다. 훗날 1956년 동유럽에서 반소비에트 자유화 혁명이 일어났을 때 그들 중에는 유럽 사람들 틈에 끼어 혁명에 가담하는 경우도 있었다. 기숙사를 탈출해서 어디론가 도망을 치거나, 프랑스나 미국

폴란드 브로츠와프
대학교 이해성 교수.

의 대사관에 망명을 신청하는 아이들도 있었다.

강도 높은 감시와 집단주의를 강조하는 북한 교사들의 교육 시스템 속에서 어떻게 이런 반항적인 생각을 품은 아이들이 발생할 수 있었을까? 동유럽 취재 기간 동안 이 질문에 답을 찾는 과정은 다큐멘터리 영화감독 입장에서 가장 흥미로운 부분이었다. 아이들의 생각과 행동에 변화를 일으킨 요인을 찾는 것은 오늘날 북한 사회의 변화를 전망하는 데 있어서도 중요한 문제라는 판단이 들었기 때문이다.

결론적으로 말한다면 아이들의 변화를 이끌어낸 것은 '예술'과 '문화'였다. 당시 북한 교사들은 아이들의 사상적인 면을 통제했다. 언어, 역사, 김일성 우상화 교육을 북한 교사들이 직접 담당한 것만 봐도 잘 알 수 있다. 반면에 동유럽의 교사들은 미술이나 음악과 같은 예술적인 부분들을 맡아서 교육했다.

특히 문학의 역할은 엄청났다. 아이들은 동유럽 교사들이 들려주는 고대 그리스 신화나 고전주의 문학, 셰익스피어의 작품들을 읽으면서 북한 교사들이 강조하는 획일화된 집단주의와 완전히 다른 세계가 있다는 것을 깨달았다. 심지어 북한 교사의 눈을 피해서 몰래 책을 빌려 읽는 아이들도 있었다. 그들이 발견한 것은 자기 성찰, 즉 자신을 스스로 돌아볼 수 있는 힘이었다. 아이들은 그렇게 유럽의 근대 시민 사회를 형성시킨 자유와 보편적 인간의 권리에 대해서 눈을 떴다. 그것은 아이들이 동유럽에서 생활하지 않았으면 결코 일어날 수 없는 엄청난 변화였다.

체코 발레치 마을 오벨리스크 벽면에서 발견된 두 개의 이름, '림기종', '변철호'라는 존재 역시 바로 이런 새로운 사상에 눈을 뜬 존재들이 아니었을까 추측된다. 그들의 이름은 못이나 칼끝으로 한참을 파내야만 새겨질 수 있는 흔적들이었다. 쉽게 새겨질 수 있는 흔적들이 아니었다. 게다가 오벨리스크 높이가 7미터나 된다. 땅바닥에서 기단까지 높이만 해도 2미터 정도 될 정도로 아이들 키로는 쉽게 오를 수 없는 높이였다.

게다가 철저하게 공동생활을 했던 아이들이 숙소에서 멀리 떨어진 오벨리스크까지 와서 암석 표면에 자기 이름을 새겨 넣기 위해서는 많은 시간이 필요했을 것이다. 그들은 기숙사 교사들의 감시를 피해 숙소를 몰래 빠져나오는 모험을 감수해야 했다. 그렇게 1956년 그들은 정들었던 체코 발레치를 떠나면서 자신들의 흔적을 어떻게든 남기려고 했다. 두 번 다시 오지 못할 수도 있는 마음의 고향 발레치에 자신의 흔적을 남기고 싶었다. 그런 아이들의 간절한 염원이 오벨리스크 벽면에 새겨졌다. 그것은 자유의 향기를 맛본 아이들만이 느낄 수 있는 자유에 대한 그리움이었다. 돌 위에 새겨진 아이들 이름은 오랜 세월이 지나도 사라지지 않았다. 그들은 1956년 자신들이 새긴 이름이 아직도 지워지지 않고 남아 있다는 사실을 알고 있을까? 바람 부는 오벨리스크 언덕에 서서 그들의 이름을 나직이 불러 보았다. '림기종… 변철호…'

길 위의 천사,
마리에 코페치카

체코 발레치 기록보관소 직원의 안내를 받아서 발레치 성 내부로 들어
갔다. 18세기에 지어진 중세 바로크 양식의 고풍스런 발레치 성은 내부
가 생각보다 웅장했다. 모두 5층 건물로 40여 개의 객실이 갖춰져 있었
다. 벽면에는 그리스 신화 속 주인공들을 형상화한 조각품과 벽화들이
그려져 있었다. 현재는 지역 미술가들의 작품을 전시하는 갤러리 기능
을 하고 있다고 안내원이 설명을 시작했다.

　　1층 커다란 홀을 지나 대리석으로 만들어진 계단을 따라 위로 올
라갔다. 층마다 커다란 홀이 중앙에 자리잡고 있고 홀을 지나면 복도로
이어지는데 복도를 사이에 두고 양 옆으로 객실이 정열해 있었다. 방 하
나의 크기는 대략 10제곱미터 정도로 그리 크지 않은 공간들이었다. 각
방 안에는 커다란 창문이 있어 채광이 무척 좋았다. 창문을 열자 뜻밖

에도 밖으로 작은 발코니가 설치되어 있었다. 발코니에 서자 멀리 발레치 마을 전경이 한눈에 들어왔다. 어느새 하얀 눈발이 세차게 휘몰아치고 있었다. 발코니에 더 이상 서 있을 수 없을 정도로 바람이 거세졌다.

체코 발레치로 이주했던 100여 명의 북한 전쟁고아들은 객실 하나 당 4명 정도가 같이 생활했다. 방의 크기로 봐서는 아이들이 생활하기에 넉넉한 공간은 아니었지만, 전쟁의 한복판에서 모든 것을 잃어버린 아이들로서는 만족스러운 시설이었다. 아이들은 그곳에서 함께 공동 생활을 하며 고향을 떠난 아쉬움을 달랬다.

북한에서 온 아이들에 관한 자료는 발레치 마을이 속해 있는 행정구역인 카를로비바리(Karlovy Vary) 기록보관소에 남아 있었다. 레겐스부르크에서 체코 발레치의 북한 아이들에 관한 정보를 제공했던 독일인 베커스 씨는 지난 5년 동안 카를로비바리 기록보관소를 찾아가 북한 아이들에 관한 자료를 모았다. 문서들 중에는 북한 아이들의 학적부와 생활기록부도 포함되어 있었다. 체코 발레치에 머물고 있었던 북한 아이들의 생활 모습을 보다 구체적으로 접근할 수 있는 소중한 자료들이었다.

베커스 씨가 보관하고 있는 자료들 중에서 가장 눈에 띄는 것은 아이들이 북으로 돌아간 다음에 보낸 편지들이었다. 아이들은 체코에서 오래 생활했기 때문에 자유롭게 체코어를 구사했다. 1956년부터 북으로 돌아간 다음에도 아이들은 정성스럽게 체코어로 편지를 써서 발레치로 보냈다. 흥미로운 것은 아이들의 편지가 주로 한 사람에게 집중적으로 보내지고 있었다는 사실이었다. 바로 체코 발레치에서 '길 위의 천

체코 발레치에서 북한 아이들을 돌봐주었던 마리에 코페치카 씨가 치매에 걸리기 직전 모습(왼쪽).

사'로 불려졌던 마리에 코페치카였다.

마리에 코페치카는 매우 흥미로운 인생 여정을 지닌 인물이었다. 그녀는 오랜 세월 아프리카를 여행했고 모로코에서는 몇 년 동안 거주하기도 했다. 그녀가 다른 문화에 대해서 열린 마음을 갖고 있던 것은 그런 이유였다. 1940년대 후반 귀국 후에는 프라하 대학에서 기하학과 메카닉(기계역학)을 가르치는 교수로 활동하기도 했다. 그녀가 북한 아이들과 인연을 맺게 된 것은 1950년 한국전쟁이었다.

한국전쟁 당시 체코는 사회주의 연대의 차원에서 북한에 의료진을 파견했다. 당시만 해도 체코인들에게 북한은 자본주의 종주국 미국에 맞서 사회주의 국가들을 대신한 전쟁에 참여하고 있는 영웅 같은 존재였다. 마리에 코페치카에게 북한에서 온 전쟁고아들은 그 전쟁의 희생자들이었다. 그녀는 전쟁으로 부모를 잃은 아이들이 상처를 받지 않도록 세심하게 배려했다.

아이들과 처음 만난 것은 대학을 마치고 첫 번째 여름 휴가를 보낼 때였어요. 기억이 맞는지 확실하지는 않아요. 1952년에서 1953년 사이였던 것 같아요. 그게 아이들을 처음 만난 해였어요. 우리는 종종 여름 방학 동안에 발레치 근처로 놀러 가곤 했지요.

- 마리에 코페치카

엄숙한 마음으로 그녀의 사진 앨범과 북한 아이들의 편지들을 촬영했던 순간이 떠오른다. 그 자료들은 촬영하는데 꼬박 이틀이나 걸릴 정도로 양도 많았고 역사적 자료로서 가치도 컸다. 그녀가 남겨놓은 자료들을 하나하나 카메라에 담으면서 나는 한 숭고한 영혼과 만나는 느낌이 들었다.

자료 사이에는 체코어로 쓰여진 편지들 사이에 어눌하게 쓰여진 한글 연습장도 있었다. 마리에 코페치카 씨가 북한 아이들과 의사소통을 하기 위해서 직접 한글을 공부한 흔적들이었다. 'ㄱ', 'ㄴ', 'ㄷ'으로 시작하는 자음과 'ㅏ', 'ㅑ', 'ㅓ', 'ㅕ'로 시작하는 모음까지 적혀 있었다. 한 체코 여성에게 북한 전쟁고아들은 어떤 존재였을까? 70년 전 그들 사이에 피어났던 사랑과 우정이 어떤 것인지 궁금해졌다.

그녀는 북한 아이들 사진 옆에 한글로 이름을 적어놓았다. 어쩌면 아이들이 떠난 뒤에도 그들의 얼굴을 잊지 않으려고 많은 노력을 했던

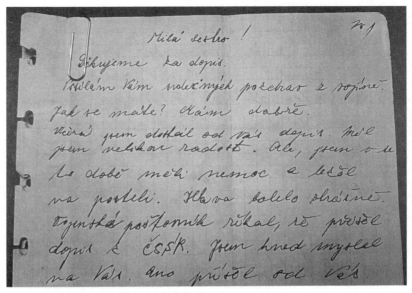

마리에 코페치카에게 아이들이 북에서 보낸 편지(1958).

것 같다. 북으로 송환된 이후 아이들은 1958년 경까지 마리에 코페치카 씨와 편지를 주고받았다. 북에서 온 편지들을 살펴보면 아이들은 마리 에 코페치카를 '누나'라고 불렀다. 그만큼 다정했고 친밀한 사이였다는 것을 알 수 있다.

'마리에 코페치카 누나에게… 시간이 지나면서 저희도 나이를 먹고 있어요. 지금 저희는 여러 종류의 군사 훈련을 받고 있는 중이에요. 점수가 좋으면 영예 훈장을 받아서 훈련을 마칠 수도 있어요. 그 영예를 차지하기 위해서 우리는 매일 열심히 공부하고 있어요. 공부해야 할 양도 굉장히 많지요. 올해는 중학교에 입학하는

첫 해 거든요. 학교를 졸업하면 우리 삶도 더 나아지겠죠.'

- 북에서 온 편지

아이들은 북으로 돌아간 뒤에도 마치 발레치 마을에서 살고 있을 때처럼 자신들의 북한 생활을 하나하나 마리에 코페치카에게 알리려고 했다. 마치 바로 옆에서 귓속말로 속삭이듯 다정스럽게 쓴 편지였다. 전쟁의 비극으로 맺어진 인연 때문이었을까, 그들 사이에는 자신들만의 인간적인 교감이 있었던 것으로 보인다. 그것이 마리에 코페치카가 70년이나 지난 지금까지도 편지를 소중하게 간직하고 있었던 이유였다.

역사는 기록이며 기록이 사라질 때 역사도 잊혀진다

마리에 코페치카를 만나기 위해 여러 경로를 통해 접촉을 시도했지만, 아쉽게도 그녀를 만날 수는 없었다. 무엇보다 현재 그녀의 건강 상태가 좋지 않았다. 치매로 인해서 가족들을 제대로 알아보지 못하고 있고 침상에서 몸을 제대로 일으키지도 못할 정도로 노쇠한 상태였다. 비록 그녀를 만날 수 없었지만, 그녀가 원했던 것이 무엇이었는지 짐작하는 것은 어려운 일은 아니었다. 일상의 기록이 때로는 역사가의 거창한 해석보다 더 위대하게 보일 때가 있다. 마리에 코페치카의 기록들이 바로 그런 것들이었다.

낮에는 취재를 위해 사람들을 만나 현장들을 촬영하고 저녁 때 숙소로 돌아와서는 그녀가 남겨 놓은 사진 앨범과 편지들을 소중하게 카메라에 옮겼다. 사진 앨범을 촬영하는 일은 보통 새벽까지 이어졌다. 사

마리에 코페치카의 사진 앨범에 등장하는 북한 아이들.

실 어느 것 하나라도 소홀히 할 수 없었다. 어쩌면 체코에 남아 있는 북한 전쟁고아들의 역사적 자료들로는 유일한 것이 될지도 모른다는 생각이 들었다. 역사적 기록과 마주할 때는 신중해야 하고 원본을 잘 보존하는 것이 무엇보다 중요하다. 마리에 코페치카가 남겨 놓은 자료들을 소중하게 촬영해서 보관하는 것은 영화를 위해서 매우 중요한 일이었다.

무엇보다 내 마음을 움직인 것은 사진 속에 담겨있던 아이들과 그녀의 순수하고 해맑은 표정이었다. 공원이나 놀이터에서 그들은 마치 친형제나 가족 같은 다정한 모습으로 서 있었다. 그들의 해맑은 표정 속에는 순수한 인간의 정이 담겨져 있었다. 이념이나 정치적인 목적이 도달할 수 없는 아름답고 숭고한 인간들의 모습이었다.

김장진, 박경보, 박인독, 홍준순, 신영필, 리수자, 고재정, 김유순, 김기보, 신동선, 임경환, 강기찬, 양문희, 고제정, 배봉학, 최시열, 그리고 정보배와 고종옥…

그렇게 마리에 코페치카는 사진 옆에 아이들 이름을 한글로 또박또박 적어놓았다. 그녀가 남겨 놓은 자료 덕분에 우리는 북에서 온 아이들의 이름과 얼굴을 정확히 알 수 있었다. 비록 그들의 생사 여부를 확인할 방법은 없었지만 이름을 정확히 확인할 수 있었다는 사실은 중요한 발견이었다. 혹시라도 훗날 북한의 협조로 이들의 신원을 파악할 수 있는 기회가 생긴다면 이름과 사진은 그 출발점이 될 것이다.

북에서 온 아이들은 대부분 1940년대 초반 생으로 1950년 한국전쟁 당시에는 10살 남짓되었다. 그로부터 70년의 세월의 흘렀으니까 지금은 대략 80세 정도가 되었을 것이다. 현재도 생존해 있는 사람들이 있을 수 있는 나이였다. 그것은 언젠가 그들의 존재를 찾아낼 수 있다는 가능성이기도 했다.

사실 우리가 그들이 어떤 사람들이었는지 알 수 있는 방법은 없다. 북에서 온 아이들은 처음 왔던 순간처럼 그렇게 바람처럼 사라졌다. 교사들의 구령에 따라 모두 줄을 맞춰 기차에서 내렸고, 돌아갈 때도 다시 줄을 맞춰 기차에 올랐다. 열흘이나 걸린다는 시베리아 특급 열차를 타고 그렇게 북으로 돌아갔다. 십대 아이가 콧수염이 날 정도로 청년이 되고, 단발머리 수줍은 소녀들이 어엿한 숙녀로 자랐을 만큼 긴 세월 동안 그들은 유럽의 하늘 아래에서 생활했다. 유럽의 교사들과 아이들

체코 발레치 북한 아이들 이름이 새겨진 오벨리스크. 체코 발레치 마을 오벨리스크에 새겨져 있는 북한 아이들 이름. 현재도 림기종, 변철호, 1956년이라는 글자들이 선명하게 남아 있다.

의 마음속에 커다란 그리움이 남은 것은 당연한 일이었다.

북으로 돌아간 아이들은 자신들을 돌봐주었던 마리에 코페치카에게 체코어로 편지를 썼다. 어쩌면 편지를 쓰는 순간만큼은 함께 뛰어놀았던 발레치 숲과 아름다운 발레치 성을 떠올리며 행복해하지 않았을까. 그렇게 아쉬움 가득한 마음을 갖고 오벨레스크 위에 힘겹게 기어 올라가 자신의 이름 석자를 새겨놓고 떠났던 것은 아닐까.

"보고 싶은 누나에게.

편지 고마웠어요. 나는 지금 편지의 답장을 군대에서 쓰고 있어요. 누나도 잘 지내고 계신가요? 어제 편지를 받았어요. 정말 기뻤어요. 사실 그때 머리가 좀 아파서 누워 있었어요. 체코에서 군사 우편으로 편지가 왔다고 배달부가 말을 하자마자, 나는 문득 누나 생각이 났어요. '누나한테서 편지가 온 것이 아닐까?'하고요. 그런데 진짜 누나한테서 편지가 온 거예요. 나는 편지를 받자마자 봉투를 뜯어서 읽어봤어요. 너무 반가웠고, 너무 행복했어요.

내 옆에 있던 친구가 편지에 쓰여진 글씨를 보더니, '글씨가 뭐 이렇게 꼬불꼬불해?' 하고 말하면서 웃더라구요. 체코 글씨를 처음 봤으니 그럴 수밖에요. 우리는 한참 동안 같이 웃었어요. 나는 그 친구에게 말해줬어요.

　　'나는 말이야… 이 편지를 읽을 수 있단다!'

누나! 며칠 전에는 호랑이가 그려진 그림을 하나 샀어요. 누나한테 보내주려고요. 우리 부대 사령관 동지가 그 그림을 체코에 보낼 수 있도록 도와준다고 했어요. 그림이 빨리 누나한테 도착했으면 좋겠어요. 그럼 오늘은 여기까지 쓸게요. 누나도 사진 하나 보내주실 수 있어요?"

- 북에서 온 편지

　　다른 어떤 편지보다 나는 이 한 장의 편지에 눈길이 오래도록 머물렀다. 체코에서 인연을 맺은 북한 전쟁고아들과 마리에 코페치카 사이에 나눴던 평범하고 소박한 인간적 감정이 느껴졌기 때문이다. 북한으로 돌아간 뒤 아이들이 얼마나 그녀의 편지를 기다렸는지, 그들의 마음을 이보다 더 간절하게 기록한 편지도 없었다. 체코어를 할 줄 모르는 친구 앞에서 마리에 코페치카가 보낸 편지를 꺼내놓고 '나는 이 편지를 읽을 수 있다'며 자랑하는 한 남자 아이 모습이 지금도 눈앞에 어른거린다.

1959년 경부터 아이들이 보낸 편지는 더 이상 마리에 코페치카에게 도달하지 않았다. 아이들의 편지 속에 북한 정권이 원하지 않는 이야기들이 담겨 있었기 때문이다. 둘 사이를 이어주던 유일한 끈이 끊어지면서 아이들의 존재도 그렇게 세월과 함께 사라져갔다. 하지만 마리에 코페치카에게는 결코 지울 수 없는 기억이었다. 치매에 걸리기 직전 마리에 코페치카는 세상을 향해 이렇게 기록을 남겼다.

"나는 아이들이 체코 발레치에서 즐겁고 멋진 인생을 살았다는 사실이 너무 행복합니다. 나는 아이들이 머물고 있는 요양소에서 파트 타임으로 일을 했어요. 그때 아이들은 무척 행복해 보였어요. 그곳에 백 명도 넘는 아이들이 있었죠. 그들이 살아갈 수 있도록 발레치 성이 하나 제공됐어요. 아이들을 가르치고 돌보기 위해서 우리는 최선을 다했어요. 북에서 온 선생님들도 모두 훌륭했죠. 나중에 알게 된 사실이지만, 유일하게 김일성만은 이런 사실이 기쁘지 않았다고 합니다. 왜냐하면 서양 문화에 영향을 받은 아이들이 북한으로 돌아오는 것에 두려움이 있었던 것입니다."

모두가 행복했다. 심지어 아이들 정신교육과 언어 교육을 담당했던 북에서 온 교사들 역시 유럽에서의 생활이 만족스러웠다. 그들을 돌봐 줬던 유럽 사람들에게도 기쁨은 마찬가지였다. 유일하게 불만을 가진 존재는 단 한 사람 김일성뿐이었다는 마리에 코페치카의 증언은 1950년 대 북한 전쟁고아들 동유럽 생활의 역사를 설명하는 핵심적인 열쇠다.

순수했던 인간들 사이의 만남과 우정 너머에서 김일성은 자신만을 위한 정치적 목적을 꿈꿨다. 바로 그것이 북한으로 아이들이 돌아간 다음 마리에 코페치카가 반김일성주의자로 돌아설 수밖에 없었던 이유였다. 그리고 이런 상황은 단지 체코에서만 벌어진 것은 아니었다. 폴란드, 루마니아, 불가리아, 헝가리까지 거의 대부분 지역에서 유럽인들이 북한 체제에 대한 반감이 발생했다. 폴란드에서 북한 전쟁고아들의 생활을 다룬 다큐멘터리 'KIM KI DOK'(2006년)이란 작품을 만들었던 욜란타 크리소바타 씨는 이것을 다음과 같이 설명하고 있다.

"2차 대전이 끝난 지 5,6년밖에 안 되었던 시절이었습니다. 폴란드 전역에서는 폴란드인들을 위한 의사도 부족했죠. 의대 교수들도 많이 죽었기 때문입니다. 그런데도 불구하고 폴란드는 북한에 의사들을 보냈습니다. 폴란드에도 부족한 의사를 북한에 보낸 것은 첫째, 미국에 맞서 싸우고 있는 공산주의 국가들을 다른 공산주의 국가들이 도와주고 고통을 분담해야 한다는 프로파간다에 의해서였습니다. 이게 바로 정치고 프로파간다입니다. 보통의 평범한 폴란드인들이 북한에서 온 아이들을 만나기 전까지는 프로파간다 라고 했던 제 말을 취소할 생각이 없습니다. 당시 북한 아이들을 만났던 폴란드 사람들은 정말 어린 사람들이었습니다. 17세에서 19세까지 그렇게 젊은 폴란드 사람들이 북한 아이들을 만났고, 폴란드 어린이들도 북한 아이들을 만났습니다. 그 순간부터 모든 게 사랑과 우정, 인류애로 바뀌기 시작했습니다."

- 욜란타 크리소바타, 다큐멘터리 감독

그들에게는 모든 것이 낯설었지만 전쟁으로 부모를 잃어버린 아이들이 과거의 고통으로부터 벗어날 수 있기까지 그리 오랜 시간이 걸리지 않았다. 그들에게는 마리에 코페치카 같은 마음씨 착한 사람들이 주변에 있었기 때문이었다.

아무런 대가나 보수를 바라지 않고 순수한 인간애를 발휘했던 사람들이었다. 그건 단지 체코의 작고 인적도 드문 시골 마을 발레치에서만 일어났던 일은 아니었다. 폴란드, 루마니아, 불가리아, 헝가리에 이르기까지 북에서 온 아이들을 따뜻한 가슴으로 맞이해준 사람들이 있었다. 아이들은 그들을 '어머니'라 불렀고, '아버지'처럼 의지했다. 아이들에게는 길 위에서 만난 천사들이었다.

2019년 1월 12일 나는 다음 목적지로 이동하기 위해서 체코를 떠나야 했다. 숙소에서 여행가방을 정리하면서 마리에 코페치카와 아이들 모습이 자꾸 떠올랐다. 그들이 함께 생활했던 시골 마을 발레치의 기억은 그렇게 나의 마음속에 남겨졌다. 이름과 사진으로 밖에 만날 수 없는 사람들이었지만 그들은 나에게 숭고한 삶이란 무엇인지를 깨닫게 해줬다.

마리에 코페치카는 어떤 보상도 받지 않았다. 보상을 기대하고 한

마리에 코페치카와 북한에서 온 아이들은
가끔 함께 여행을 가기도 했다.

행동도 아니었을 것이다. 그녀는 어떠한 사심도 없이 북한에서 온 고아
들을 정성껏 보살펴주었다. 만약 그녀가 자신의 기억을 기록으로 남기
지 않았다면, 그녀의 존재도 시간과 함께 잊혀갔을 것이다. 다행스러운
것은 그녀가 손수 기록한 사진앨범과 아이들과 주고받았던 편지들이
이제는 하나의 역사적 기록물로서 가치를 지니게 되었다는 사실이다.

　　나는 그녀의 존재가 '김일성의 아이들'이라는 한 편의 다큐멘터리
영화를 통해서 영원히 사람들 속에 기억되기를 바란다. 그녀는 가치로
운 인생을 살았고 그녀의 인생은 기억될 만한 가치가 있었다. 그것이 다
큐멘터리로 기록을 남기며 살아가는 나의 가장 큰 보람일 것이다. 역사
는 기록이며 기록이 사라질 때 역사도 잊혀지는 법이다. 그런 점에서 그
녀는 기억되어야 할 만한 가치로운 사람이었다.

유럽의 집으로
돌아가고 싶어요

아이들에 관한 유럽 생존자들의 증언을 들으면서 천진난만한 아이들의
생각과 행동에 놀랄 때가 많았다. 특히 1956년 갑작스런 북한 송환 직
전부터 벌어졌던 많은 에피소드는 아이들이 얼마나 순수한 마음을 가
진 존재들이었는지 짐작케 한다. 북한 아이들과 유럽의 교사 그리고 친
구들은 자신들이 헤어지게 되었다는 사실을 믿으려 하지 않았다. 그들
에게 이별은 상상도 할 수 없는 일이었다. 그들은 그냥 가족이나 친구,
혹은 연인처럼 그렇게 오래도록 함께 살 것이라고 믿고 있었다. 북한으
로 송환이 결정된 이후에 아이들이 보인 돌발적인 행동들은 당시 그들
이 헤어짐을 얼마나 아쉬워했는지를 실감할 수 있게 해준다.

북으로 돌아간다는 소식을 듣고 아이들은 정말 슬퍼했어요. 그렇

게 시간이 갔죠. 떠나기 전날 밤 한 아이가 차가운 눈구덩이 속에 몸을 마구 굴리고 있는 것을 봤어요. 이리 굴리고 저리 굴리고 옷도 제대로 입지 않은 어린 아이가 눈 속에서 하는 행동이 너무 이상해서 아이에게 물었죠. '왜 그렇게 하고 있니'라고요. 아이의 대답은 놀라웠습니다. '이렇게 해서 감기에 걸리면 내일 기차를 타지 않을지도 모르잖아요.'

- 마리에 코페치카

아이들이 북으로 돌아간 뒤 1956년부터 1958년까지는 편지 왕래가 자유로웠다. 생각보다 많은 편지들이 북한과 유럽을 오고 갔다. 그나마 그런 서신 왕래는 1959년이 되면서 완전히 차단되었다. 문제는 아이들이 편지 속에 북한 내부의 어려운 경제 상황을 묘사하거나 필요한 물건을 보내 달라는 내용들이 포함되어 있었다는 점이다. 심지어 유럽의 '집으로 돌아가고 싶다'고 애원하는 아이도 있었다. 이런 편지는 북한 당국 입장에서는 불미스런 행동들로 여겨졌다. 이 시기 북한이 대대적인 편지 검열에 나선 것도 그런 이유였다.

이런 상황은 폴란드와 불가리아 등에서도 비슷하게 일어났다. 아이들은 오랫동안 동유럽에서 생활했기 때문에 현지어를 능숙하게 사용할 수 있었다. 북으로 돌아간 이후 아이들이 한동안 동유럽의 교사, 친구들과 서신 왕래를 주고받을 수 있었던 것도 그런 까닭이었다. 아이들에게는 편지를 통해 자신들에게 닥친 새로운 환경과 불안한 미래에 대해서 누군가 털어놓을 사람이 필요했다.

폴란드 프와코비체에서 생활했던 북한 전쟁고아들, 1958년.

선생님께 인사를 드립니다. 요즘은 어떻게 지내세요?

저는 요즘 산에서 체리를 따다가 요리를 해먹고 있어요.

아이들과 나눠 먹기도 합니다. 다들 착하고 재밌는 아이들입니다.

한 가지 소원은 편지를 쓸 수 있는 종이를 얻는 거예요.

작은 일기장 같은 게 있으면 좋겠습니다.

선생님 편지 기다리겠습니다.

엄마! 보고싶어요.

옷을 좀 보내주세요.

집에 돌아가고 싶어요.

전쟁으로 부모를 잃은 아이들이었기 때문에 북에서는 그들이 마음

체코 발레치 '김일성학원' 북한 전쟁고아들, 1955년 경.

을 터놓고 이야기를 나눌 수 있는 사람조차 없었다. 뿐만 아니라 경제적
으로 낙후된 북한에서는 동유럽의 앞선 생활과 문화를 경험한 아이들
을 만족시켜줄 수 있는 것들이 없었다. 아이들이 편지 속에 자신들에게
부족한 것들을 보내 달라고 이야기한 것도 그런 이유였다. 하지만 공교
롭게도 이것은 곧 북한 체제의 문제점을 외부에 알리는 결과가 되었다.

"폴란드의 경우 1959년부터 서신 왕래가 중단되기 시작했습니다.
이전까지는 편지 교환이 어느 정도 있었습니다. 1959년은 정치적
으로 북한이 모든 외국과의 관계와 교류를 최소화하던 시절입니

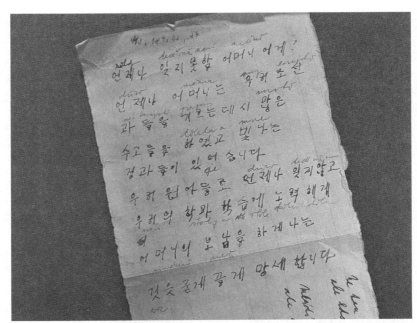

'언제나 잊지 못할 어머니에게'라는 말로 시작되는 체코에서 발견된 북한 아이의 편지 (위). 한글 맞춤법이 틀린 곳이 많은 것으로 봐서 당시 아이들이 한글보다 체코어에 더 익숙했던 것 같다. 아래 사진은 폴란드 프와코비체에 살고 있는 폴란드 교사들이 60년 동안 보관하고 있는 북한 아이들 편지.

다. 심지어 외국에 주재하는 북한 외교관조차도 당국의 허락없이 현지인들과 대화하는 것이 금지됐습니다. 모든 전화까지 도청 당하던 시절이었습니다. 자신들의 불우한 처지를 외부에 알리는 것을 못마땅하게 여긴 북한 정권이 아이들의 편지를 검열하기 시작했습니다. 그리고 1962년을 끝으로 편지는 완전히 끊어졌습니다. 결국 아이들은 부모를 잃은 고통을 두 번씩이나 경험해야 했던 것입니다."

- 실비아 쉬츠 폴란드 북한 연구원

그들 모두는 이별의 아픔에 시달렸다. 어떤 아이들은 심지어 향수병을 겪는 아이들도 있었다. 유일하게 그들에게 위로가 되었던 편지 왕래가 차단되면서 아이들은 좌절감과 상실감을 경험해야 했다. 그들이 겪었을 이별의 고통은 생각보다 컸다. 아이들은 북으로 돌아가서 어떻게든 자신들의 유럽 친구들 그리고 선생님들과 연락을 취하려 했다. 하지만 그들이 편지를 보낼 수 있는 방법을 찾기란 쉽지 않은 일이었다.

세월이 흘러도 아이들을 기억하는 사람들에게 편지는 소중한 추억이었다. 우리가 만났던 유럽의 생존자들이 가장 소중하게 간직하고 있었던 것도 바로 편지였다. 편지는 그들을 이어주는 유일한 끈이었다. 어쩌면 북으로 간 아이들 역시 오랜 시간 동안 선생님과 친구들의 답장을 기다리고 있지는 않았을까. 안타깝게도 서신 왕래가 중단된 이후 북한으로 돌아간 아이들에 관한 소식을 알 수 있는 방법은 존재하지 않았다. 우리는 아쉬운 마음을 안고 다음 여정이 기다리고 있는 폴란드로 향했다.

제2장 선한 사람들끼리는 언어가 중요한 게 아니다

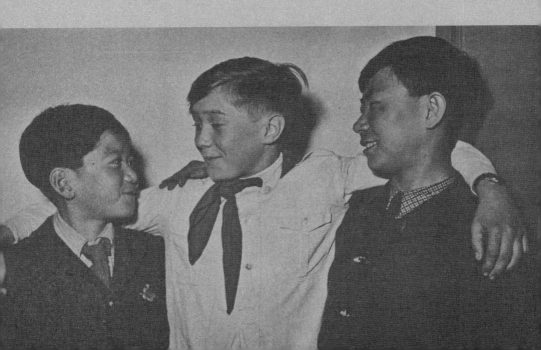

남과 북은 전쟁고아
처리 문제도 달랐다

모든 이야기의 시작은 한국전쟁이었다. 1950년 6월 25일, 북한군의 기습적인 남침으로 시작된 한국전쟁은 냉전의 시작이었다. 한국군과 미군을 포함한 유엔군 114만 명 이상이 사망하거나 실종되었다. 북한 쪽 피해 역시 적지 않았는데, 북한군과 중공군을 포함 123만 명이 전사 혹은 실종되었다. 민간인 피해는 남북을 합쳐 모두 358만 명이 발생했다.

남과 북, 자본주의와 공산주의는 한반도 곳곳, 산과 들, 강과 바다에서 그렇게 격돌했다. 위도 38도선을 기준으로 하나의 코리아가 남과 북으로 이념을 달리하는 두 개의 코리아로 갈라섰다. 그리고 전쟁으로 부모를 잃은 남과 북 10만 명의 아이들에게도 낯설고 새로운 인생이 기다리고 있었다.

전쟁은 늘 그렇지만 많은 재산과 인명의 피해를 가져온다. 특히 전

내전을 피해 폴란드로 이주한 그리스 전쟁고아들, 1948년.

쟁으로 부모를 잃은 아이들의 피해는 심각했다. 모든 것이 초토화된 폐허 더미 위에서 부모를 잃어버린 아이들을 돌봐 줄 곳은 남과 북 어디에도 없었다. 이 시기 남과 북은 서로 다른 방식으로 전쟁고아들의 처리 문제에 돌입했다. 남한이 선택했던 '해외 입양'과 북한이 선택한 동유럽 '위탁 교육' 방식은 자본주의와 공산주의 체제가 선택한 서로 다른 전쟁고아 처리 방식이었다. 남북 모두 외부의 도움 없이 자력으로 부모를 잃은 아이들을 돌봐 줄 수 있는 방법은 없었다. 선택은 불가피했다.

북한의 경우 전쟁고아들이 동유럽에 집단적으로 이주해서 위탁 교육을 받을 수 있었던 배경에는 당시 사회주의 종주국이었던 소련의 입김이 강하게 작용했다. 북한의 독자적인 주도로 이뤄진 결정은 아니었다.

"북한의 고아들을 동유럽에 보내겠다는 것은 두 개의 중요한 동기
가 있었습니다.

첫째는 공산주의 국가들 사이의 연대를 강화하기 위한 목적입니다.
둘째는 선진 기술 습득이었습니다.

북한은 탄광이 많았는데 그때까지만 해도 탄광 기술 등은 소련에
서 배웠습니다. 동유럽에 아이들을 보내서 그곳의 기술을 배운다
면, 소련에 대한 의존에서 벗어나서 북한 경제 개발에 도움이 될
것이기 때문이었습니다."

- 실비아 쉬츠, 폴란드 북한 연구원

여기서 반드시 짚고 넘어가야 할 것은 북한 전쟁고아들의 공산
권 위탁 교육이 최초가 아니었다는 사실이다. 1939년 스페인 내전과
1949년 그리스 내전에서 발생한 전쟁고아들을 사회주의 국가들에 분
산 수용한 것이 대표적인 사례다. 북한 전쟁고아들이 최초가 아니었다.
1960,70년대 베트남 전쟁이 한창일 때는 북베트남 전쟁고아들이 같은
방식으로 동유럽 공산권으로 보내졌다.

1946년부터 1949년까지 3년 동안 그리스에서 발생했던 그리스 정
부군과 공산주의 게릴라들과의 전쟁에서도 수십 만 명의 피난민이 발
생했다. 그들은 내전이 한창인 그리스를 떠나 동유럽으로 이주해야 했
다. 북한 전쟁고아들이 동유럽에 도착하기 오래 전 이미 소련은 사회주
의 동맹이라는 기치를 내걸고 전쟁의 상흔이 남겨진 지역의 아이들을
다른 나라에 분산 수용하는 방식을 채택해 왔다.

1948년 3월 4일 그리스 공산당 계열의 '라디오 프리 그리스(Radio Free Greece)'에서는 15세 미만 아이들이 임시 정부가 마련한 대피 장소로 이동할 것이란 발표를 했다. 이미 3년의 전쟁 기간 동안 부모를 잃은 수많은 고아들이 영양실조와 전염병 등으로 사망하고 있던 중이었다. 그리스 공산당은 소련과 동구권 사회주의 동맹국들에게 원조를 요청하기 시작했다. 1948년 그 첫 번째 조치로 8,000명의 고아들이 그리스를 떠나 동구권으로 대피했다. 죽음의 대지를 피해 전쟁고아들을 대피시킨 사례는 이미 북한 전쟁고아들이 동유럽 땅에 도착하기 전부터 시작되고 있었다.

"2차 세계대전 뒤에 불가리아에 세르비아 고아들이 왔었고 그 다음은 북한 아이들이 왔습니다.
그 다음은 베트남에서도 왔었고 아프가니스탄에서도 왔었습니다."

그리스 전쟁고아들을 분산 수용했던 동유럽 나라들
루마니아 5,132명, 체코슬로바키아 4,148명
폴란드 3,590명, 헝가리 2,859명
불가리아 672명

"그 아이들은 루마니아, 폴란드, 체코, 헝가리, 소련에도 갔습니다. 약 62,000명에서 70,000명의 그리스 정치적 이민자들이 당시 소련에 속해 있던 중앙아시아 타쉬켄트로 이주했습니다.
그들은 30년이 지나서야 군부 독재가 끝난 그리스로 되돌아갈 수 있었습니다. 결국 내가 하고 싶은 이야기는 북한 아이들이 오기 전부터 불가리아는 아이들을 어떻게 보살필지에 대해서 경험이 있었다는 것입니다."

- 조단 바에프, 불가리아 역사학자

폴란드 경우에는 남서부 지역에 위치한 실롱스크주 프와코비체라는 마을이 북한에서 온 아이들을 위한 장소로 선정되었다. 프와코비체가 선정된 이유는 그곳에 빈 건물들이 많았고 외부로부터 은폐된 지역이라는 특수성이 있었기 때문이었다. 실제로 그곳에는 1940년대부터 정신병원들이 운용되고 있었다. 특히 전쟁으로 상처를 입은 정신병 환자들을 격리 수용했던 곳이기도 했다. 제2차 대전 이후에는 전쟁고아들을 위한 유치원과 기숙사들이 자리를 잡았다.

1951년 북한 고아들 첫번째 그룹이 폴란드에 도착했다. 이후 1953년 두 번째 그룹이 도착했고 인원은 1,000명이 넘었다. 대규모 아이들을 수용할 수 있는 시설을 찾는다는 게 쉬운 일은 아니었다. 당시 폴란드 인민공화국 외무부에서는 대규모 인원을 수용할 수 있는 적절한 설비와 침실, 병원이 갖춰진 장소가 어디인지를 물색하다가 실롱스크 주의 프와코비체라는 장소를 선택했다. 흥미로운 것은 프와코비체에 이미 그리스, 마케도니아 아이들이 살고 있었다는 사실이다. 대부분 그리스 내전 때 발생한 전쟁고아들이거나 전쟁을 피해 그리스를 떠난 피난민들의 아이들이었다. 결국 북한 아이들을 수용하기 위해 그리스 아이들은 다른 지역으로 이동을 해야 했다.

1950년대 초반
북한 전쟁고아들이
생활했던 폴란드
프와코비체 마을.

나치의 인종 청소 계획
레벤스보른

1945년 이전까지 프와코비체는 독일 영토였다. 당시 프와코비체에 있던 정신병 환자들은 독일인이었다. 프와코비체에는 비참했던 나치 독일 치하의 암울한 역사가 숨겨져 있었다. 그것은 히틀러의 최측근 하인리히 히믈러에 의해서 시작되었다.

나치가 권력을 장악한 이후 히틀러는 인종 청소를 목적으로 하는 여러 가지 정책을 세운다. 그중 하나가 아리안족을 보호하고 강화한다는 명목으로 시행된 일종의 강제적인 인종 교배 실험, '레벤스보른(Lebensborn)' 정책이었다. 그것은 가장 우수한 아리안 인종만을 뽑아서 지속적으로 양성시킨다는 야만적인 인종 차별 계획이었다. 그리고 뒤이어서 'T4 프로젝트'가 실행에 옮겨졌다. T4 프로젝트는 아리안 족의 순수한 혈통을 강화하기 위한 목적으로 장애인과 정신병자들을 격리시키는 정책이었다. 놀랍게도 북한 전쟁고아들이 머물던 장소는 나치 인종 실험이 시행되었던 곳이었다.

> **"레벤스보른이나 T4 계획은 히틀러의 인종차별 정책이었습니다. 일종의 나치 입장에서 필요 없는 사람들을 제거하는 계획이었습니다. 그 중요한 타겟이 바로 장애인과 정신병 환자들이었습니다. 그들을 한곳에 수용하고 관리하려고 했던 것이죠. 그리고 T4 계획에 따라서 정신병자와 장애인, 그리고 나중에는 유대인들이 강제로 생체 실험에 동원되어 희생되었습니다. 우수한 아리안 인종을 양성한다는 목적으로 시작된 레벤스보른 정책에 따라 독일 여성들이 선발된 아리안족 남성들과 강제로 섹스를 하고 아이를 낳게 되었습니다. 프와코비체는 그들 사이에서 태어난 아이들을 맡아서 기르던 탁아소가 있던 곳이었습니다."**
>
> – 실비아 쉬츠, 폴란드 북한 연구원

'생명의 탄생', '생명의 원천'이라는 뜻을 지닌 레벤스보른을 통해 1939년 8천 명의 부모들이 인종 교배 실험의 대상이 되었다. 초기에는 무장친위대에 소속된 아리안 계통의 부모들에게 자식을 낳도록 장려되던 계획이 나중에는 독일 전역으로 확산되어 순수 아리안족을 양산하는 방향으로 변경되었다. 강제적인 인종 교배로 변질되기 시작한 것이다.

노르웨이에 아리안 순수혈통을 지닌 남성들이 많이 남아 있다는

조사 결과를 토대로 실험에는 노르웨이 출신 남성들이 선발되었다. 독일과 폴란드의 경우에는 피해자들이 대부분 여성이었다. 실험에 참가한 여성들은 강제로 임신을 해야 했고, 출산 후에는 곧바로 아이를 탁아소에 맡겨야 했다. 어떤 경우에도 정상적으로 아이를 맡아서 키우는 일은 없었다.

2차 대전이 끝난 뒤에도 레벤스보른 정책 아래 태어난 아이들은 사생아가 되어 버림받은 경우가 대부분이었다. 특히 이들에게는 '나치의 자식'이라는 꼬리표가 붙어 따돌림을 받거나 인종 차별의 대상이 되었다. 나치의 광기가 낳은 가장 대표적인 잔혹한 역사가 바로 레벤스보른 정책이었다. 문제는 히틀러가 레벤스보른 계획에 의해서 태어난 아이들을 자신의 친위대로 대거 기용했다는 점이다. 부모가 누군지도 모르고 세상에 태어난 아이들은 오로지 히틀러만을 믿고 따르는 충성스러운 존재가 되었다. 프와코비체는 그런 슬픈 역사를 간직하고 있는 곳이었다.

전쟁고아들을 이렇듯 정권의 친위대로 활용한 경우는 북한도 예외는 아니었다. 김일성은 한국전쟁 당시 고위층 자녀나 전쟁에서 무공을 세운 공훈세력들의 고아들을 따로 모아서 '만경대혁명학원'이나 '강반석혁명학원'에서 양육을 시켰다. 훗날 김일성 친위부대의 열성파들 중 상당수가 바로 이 전쟁고아 양성소에서 배출되었다. 피의 순수성과 혈통을 강조하고, 전쟁고아들을 자신의 친위대로 활용했다는 점에서 히틀러와 김일성은 유사한 부분이 많았다.

냉전과 체제 경쟁의
1950년대

스페인 내전과 그리스 내전에서 발생했던 수만 명 전쟁고아들을 동유럽 각국에 이주시킨 전례는 북한 전쟁고아들의 동유럽 위탁교육을 종합적으로 이해할 수 있는 열쇠다. 모든 주도권은 소련이 쥐고 있었고 단순히 인도적인 차원만으로 진행된 계획이 아니었다. 여기에는 냉전이 시작되면서 미국과 소련으로 양분된 자본주의와 공산주의의 대립이라는 시대적 상황이 복잡하게 얽혀 있었다.

인공위성 같은 과학기술 부문 경쟁에서부터 제3세계 낙후된 국가들에 대한 경제 원조에 이르기까지 미국과 소련은 자신들의 체제 우월성을 입증하기 위해 경쟁했다. 적어도 1950년대부터 1960년대 중반까지 체제 경쟁에서 앞선 것은 소련이었다. 1961년 인류 최초로 지구 궤도를 도는 우주비행에 성공했던 유리 가가린과 1963년 세계 최초로 여성 우주비행사가 되었던 발렌티나 테레시코바는 미국보다 앞선 소련의 과학 기술 수준을 세계에 과시하며 소련의 영웅이 되었다. 이들은 단지 한 나라의 영웅에 그치지 않고 사회주의를 대표하는 영웅이기도 했다.

미·소 체제 경쟁은 두 나라만의 대결에 그치는 것이 아니라 전 세계 국가들을 자본주의 대 사회주의 진영으로 편입시키기 위한 경쟁이기도 했다. 당시 소련과 미국이 우주개발과 대륙간 탄도미사일, 핵무기로 이어지는 파워 게임을 계속했던 이유도 바로 여기에 있다.

그리고 덧붙여서 인권과 휴머니즘과 같은 '사상 경쟁'도 빼놓을 수 없는 것이었다. 특히 1949년 북대서양조약기구 나토(NATO)를 통해 서구 자본주의 진영이 집단적 안전보장체제로 결집되는 과정을 지켜본 소련은 큰 자극을 받았다. 이에 맞서 소련은 1955년 바르샤바 조약기구를 창설했다. 이제 세계는 정치, 군사적 차원의 연대를 중심으로 두 개의 블럭으로 분열되었다.

> **"소련이 얻으려는 바는 명확합니다. 공산주의 블럭을 확대하려는 의도였습니다. 이미 유럽에서도 있었고, 아시아, 아프리카에서도 있고, 심지어 미국 턱 밑 아메리카에서도 쿠바가 존재했습니다. 소련이 이렇게 헌신적으로 다른 나라 아이들을 돕는다는 사실이 알려지면, 소련의 세력을 확대하는데 확실히 유리하게 작용하겠지요."**
> - 욜란타 크리소바타, 폴란드 저널리스트

북한 전쟁고아들의 동유럽 이주 프로젝트 역시 이런 배경 속에서 계획되었다. 소비에트를 중심으로 한 사회주의 진영은 자신들의 체제가 자본주의보다 우월하다는 사실을 입증해야 했다. 인권과 휴머니즘에서도 미국을 비롯한 자본주의 진영에 앞서야만 했던 것이다. 일종의 '사회주의 코스모폴리탄(Socialism Cosmopolitan)'을 건설한다는 이상과 꿈이 무르익어가던 시기였다.

동구권에서는 전쟁고아를 소재로 한 문학 작품들이 여럿 탄생하기도 했다. 폴란드의 마리안 브란디스와 같은 사회주의 계열 르포르타쥬 작가는 직접 북한 아이들이 머물고 있던 기숙사를 찾아가서 아이들을 취재한 뒤 〈다시 찾은 어린 시절의 집〉이란 책을 펴냈다. 1950년대 폴란드에 머물렀던 북한 아이들의 생활 모습을 생생하게 묘사한 작품이라는 점에서 자료적 가치가 높은 책이다.

북한에서 온 아이들을 양육하기 위해서 폴란드는 무려 600명의 전문인력을 고용했다. 이 과정에서 교사와 보모, 요리사, 청소부, 간호사와 의사에 이르기까지 다양한 인력이 선발되었다. 루마니아에서도 상황은 비슷했다. 흥미로운 점은 교사와 직원들은 비밀 유지 서약서에 서명을 해야 했고 북한 아이들의 존재는 철저하게 외부에 비밀로 부쳐졌다는 사실이다. 당시 평범한 유럽 사람들 중에 북한을 제대로 아는 사람은 거의 없었다.

"북한에 관해서 아는 것은 그 당시에 북한이 전쟁 중이었다는 사실 뿐입니다. 1952년 경 우리 동네 마을에는 전시 현황판이 걸려 있었어요. 전구가 반짝거리면서 전선이 그어져 있었습니다. 전선

이 그어진 곳까지 승전하고 있다는 것을 알리는 것이었죠. 그래서 그때 북한에 관해서 처음 관심을 갖게 되었습니다. 그 전에는 북한 자체에 대해서 아무것도 몰랐습니다. 교직을 이수하고 학교로 발령을 받게 되었는데 담당자가 나에게 물었습니다. '북한에서 전쟁고아들이 루마니아에 온 것을 알고 계십니까'라고요. 그때 북한 아이들이 루마니아에 온 것을 처음 알았습니다. 그 이야기를 듣고 연민을 느꼈습니다. 루마니아에도 전쟁으로 부모를 잃은 아이들이 많았으니까요."

- 제오르제타 미르초유, 루마니아 조선인민학교 교사

당시 모든 동유럽 사회주의 국가들이 북한 아이들을 비밀에 부치려 했다는 사실은 흥미로운 역사의 한 부분이었다. 폴란드의 경우 바르샤바 인근 시비데르에 대외선전용 기숙사가 마련되었고, 200명의 아이들은 고우오트치즈나로 은밀히 보내졌다. 폴란드 서남쪽에 자리잡은 프와코비체에는 가장 많은 인원에 해당하는 1,400명 정도가 생활했는데 이곳은 비밀에 부쳐진 장소였다. 불가리아, 루마니아, 체코 등도 상황은 마찬가지였다.

전쟁고아들을 교육하고 돌봐 주는 교사를 선발할 때는 가능하면 집안이 가난한 빈농이나 시골 출신, 그리고 2차 대전 때 전쟁으로 부모를 잃은 사람들을 우선적으로 선발했다. 이것은 북한 전쟁고아들에 대한 연민과 동정심을 유발하기 위한 목적이었다. 일종의 동병상련의 아픔을 간직한 교사들에게 북한 아이들을 맡기려는 의도였다. 뿐만 아니라 채용된 교사들에게 사회주의적인 이상, 사회주의 코스모폴리탄이란 꿈을 심어주려는 동기도 깔려 있었다. 선발된 교사들에게는 무료 숙식은 물론이고 다른 지역 교사에 비해서 상당히 높은 수준의 급여가 지급되었다. 이것은 동유럽 북한 전쟁고아 위탁 교육 프로젝트가 상당히 세밀한 계획 아래 진행되었다는 것을 알 수 있는 근거이다.

시베리아 횡단
특별열차

1951년 아시아의 동쪽 끝에 있는 한반도에서 전쟁고아들을 실은 특별 열차가 본격적인 운행을 시작했다. 북한 수도 평양을 출발해서 모스크바를 거쳐 동유럽 가장 남쪽에 위치한 불가리아 수도 소피아까지 열차는 수백 명씩 아이들을 싣고 유라시아 대륙을 횡단했다.

북한 전쟁고아들을 실은 첫 번째 열차는 1951년 10월에 운행되었다. 그리고 한국전쟁이 치열하게 전개되던 그해 겨울부터 눈과 얼음으로 뒤덮인 시베리아 대륙을 열흘 동안 달려온 열차들이 폴란드 바르샤바를 비롯해서 루마니아 투시나뜨, 불가리아 소피아, 헝가리 부다페스트 등지에 속속 도착했다.

하얀 연기를 내뿜으며 열차가 도착하는 모습이 보이기 시작하자,

플랫폼에서 열차가 도착하기를 몇 시간 째 기다리고 있던 사람들도 그제야 자리에서 일어나 각자 자리로 돌아갔다. 환영 나온 인파는 상상을 초월할 정도로 많았다. 꽃다발을 든 사람들도 있었다. 먼 길을 달려온 아이들을 위해서 물과 음식을 준비한 여자들도 있었다.

드디어 하얀 연기를 내뿜으며 서서히 열차가 멈추자 열차 안에서 기다리던 아이들이 하나둘 밖으로 뛰어내렸다. 아이들은 똑같이 맞춰 입은 무명옷과 모자 그리고 녹색 고무신까지 모두 같은 복장이었다. 등에는 개나리 봇짐까지 짊어진 아이들도 있었다.

그들은 기차에서 내리자마자 플랫폼 위에 줄을 맞춰 자리를 잡았다. 모두가 낯선 곳에 대한 두려움, 포성이 끊이지 않았던 전장의 한복판을 벗어났다는 안도감, 부모를 잃어버린 슬픔 등이 교차하는 눈빛들이었다. 그런 복잡한 감정으로 열차에서 내리자 파란 눈을 반짝이며 손

1952년 불가리아에 처음 도착한 북한 전쟁고아들과 그들을 환영하는 시민들.

을 흔들고 있는 유럽 아이들이 환호성을 질렀다. 아이들은 조금씩 천천히 환영 인파 속으로 발걸음을 옮겼다.

"여기서 가까운 역으로 우리 모두 나가서 아이들을 맞이했었죠.
아이들은 기차가 멈추지도 않았는데 차창으로 손을 흔들었어요.
우리도 손을 흔들며 소리를 질렀죠.
하나둘씩 아이들이 깡총깡총 뛰면서 기차에서 내렸어요.
아이들은 소련에서 며칠을 머물다 와서 그런지 다들 깨끗한 편이었어요.
적십자에서 유니폼을 지급했는지 다들 같은 옷을 맞춰 입고 있었죠."
– 카타 파넬루토바 불가리아 동창생

"많은 아이들이 기차 바닥에서 잤어요. 상당히 힘들었을 거예요. "

"10일 이상이 걸렸고, 거기서 또 시레트까지 오는데 또 며칠이 걸렸어요. 의자도 딱딱한 나무 의자였고 칸으로 나눠 있지 않은 의자만 있는 열차였어요. 공간이 널찍하면 편하게 다리를 뻗었을 텐데, 그게 안 되는 상황이었죠."

- 제오르제타 미르초유

전쟁으로 고향 마을이 잿더미로 변하고, 피를 흘리며 아버지와 어머니가 죽어가는 모습을 지켜봤던 아이들이었다. 하지만 그들 중 누구도 자신들이 그 먼 곳까지 오게 될 줄은 아무도 상상하지 못했다. 앞으로 어떤 삶이 그들 앞에 기다리고 있을지 그걸 쉽게 예상할 수 있는 사람은 아무도 없었다.

"아이들 상태가 안 좋았어요. 전쟁을 겪고 폭격을 당한 집에 있다가 간신히 구조된 아이들이었죠. 아무 물이나 마셔서 피부병이 있었고 머리카락이 없는 아이들도 있었습니다. 아이들은 대부분 기생충이 있었고 폐렴을 앓고 있어서 기침을 심하게 하는 아이도 있었습니다. 하지만 제일 큰 문제는 전쟁 트라우마였습니다. 밤에는 무서워서 악몽을 꾸고 정서적으로 불안한 상태에 있었습니다. 처음 교사 발령을 받고 내가 해줄 수 있는 일은 그저 아이들을 안아주고 위로해주고, 불안해서 밤에 소리를 지르는 아이들을 안아주는 것, 그것이 교사로서 내가 해줄 수 있는 전부였습니다. 음식을 해

쥐도 잘 안 먹고 나중에 쌀밥이 먹고 싶다고 해서 밥을 해주기도 했습니다."

– 제오르제타 미르초유

"아이들을 정말 열심히 돌봤어요. 하루에 다섯 끼니를 챙겨주며..
당시 저는 고무로 만든 신발을 신었는데, 북한 아이들은 가죽으로 된 신발을 신기도 했어요.
우리도 가난했지만 빵 같은 것을 나눠 먹고 즐겁게 지냈죠."

– 카타 파넬루토바

"그 시절 내 소원은 빵에 버터를 발라 먹는 것이었어요."

– 마리아 야말리에바

폴란드에는 '손님이 집에 온 것은 신이 온 것과 같다'라는 속담이 있다. 비록 경제적으로 부족한 상황이었지만 아이들은 어느 곳에서도 따뜻한 환대를 받았다. 시간이 지남에 따라 단지 손님이 아니라 그 이상의 존재가 되어갔다.

숨겨진
역사

역사에 가정은 없다지만, 만약 당시 유럽에 머물고 있던 5천 명에서 1만 명에 이르는 북한 전쟁고아들이 북한의 경제 발전에 활용되었다면 오늘날 한반도의 역사는 달라져 있었을 것이다. 1960년대까지 북한은 남한에 비해서 경제적으로 훨씬 나은 상황이었다. 동유럽에서 생활했던 수많은 북한 전쟁고아들이 북한 사회의 여러 요소에 투입되었다면 북한의 경제 발전과 사회 체제는 더욱 빠른 속도로 발전할 수 있었을 것이다. 이것은 남한의 경제 발전에 교육받은 인텔리들이 큰 역할을 한 것만 봐도 잘 알 수 있는 내용이다.

물론 일부에서는 북한 전쟁고아 출신들이 훗날 북한 사회 발전에 중요한 역할을 했다는 주장도 있다. 남한 사회가 전쟁고아들을 해외 입양을 통해 무책임하게 방치했다는 내용과 함께 북한의 전쟁고아 정책

폴란드 프와코비체에서 생활했던 북한 전쟁고아들.

을 긍정적으로 바라보려는 시각이다. 실제로 소수의 엘리트들이 해외 공관이 무역 사무소 등에 외교관이나 통역사로 파견되어 다시 유럽으로 나오는 경우도 있었다. 하지만 그들은 평범한 북한 전쟁고아들과는 출신 성분이 달랐다. 대부분은 고위직 간부의 자제들이었다. 이번 취재 결과 북한은 전쟁고아들 틈에 고위층 자제들을 고아로 둔갑시켜서 보냈다는 사실을 발견할 수 있었다. 1950년대 열악한 북한 내부 사정들을 감안한다면 북한 고위층 자제들에게는 일종의 유럽으로 해외 유학을 가는 것이나 마찬가지였다. 이런 사실이 나중에 유럽 교사들에게 알려지면서 적지 않은 마찰이 일어나기도 했다. 대다수 평범한 북한 전쟁고아들은 뿔뿔이 흩어져 탄광 노동자나 채석장 일꾼으로 살아가는 것이 고작이었다. 그들이 유럽에서 배웠던 기술과 문화를 북한 사회 발전에 적용시킬 수 있는 기회는 거의 없었다.

그렇다면 이유가 무엇이었을까? 가장 설득력 있는 추론은 김일성의 유일 사상 체제 유지와 강화를 위해서 아이들이 희생되어야 했다는 사실이다. 주체사상과 외국인 배척 운동은 마치 동전의 앞뒷면과 같다. 1960년대부터 북한 사회에서 일기 시작한 자주 노선에 기초한 주체사상 강화는 외국의 문화와 간섭을 배격하는 것과 동시에 일어났다. 외부로 열려 있는 문들을 완전히 닫기 시작한 시기가 바로 이때였다. 모든 것은 하나의 목적을 위해서 신속하게 진행되었다. 바로 김일성 권력 강화였다. 김일성은 자신의 체제를 유지하기 위해서 외부 문화가 유입되는 것을 막아야했다. 특히 유럽의 자유로운 사고방식이 북한에 전파되는 것에는 두려움이 있었다. 역설적이지만 동유럽에서 생활했던 북한 전쟁고아들에 대해서 가장 두려움을 느낀 사람은 공교롭게도 아이들을 동유럽으로 보냈던 김일성 그 자신이었다.

"북한으로 돌아갈 때 아이들은 집단적으로 생활할 수 없었습니다. 아이들을 태운 열차는 이름도 없는 북한 시골 마을에서 정차를 하면서 아이들을 분산시켜서 내려놓았습니다. 한두 명 정도밖에 안 되는 적은 인원들이었습니다.
폴란드 프와코비체에서 한 가족처럼 생활했던 아이들은 북한으로 귀국한 뒤 서로 얼굴을 볼 수 있는 경우는 두 번 다시 없었습니다.

헝가리에서 발견된 북한 전쟁고아들에 둘러싸인 김일성 사진.

유럽에서 배운 것들을 활용할 기회도 없었겠지요."

– 스타니스와프 바할, 폴란드 교사

"북한으로 돌아간 다음에 아이들이 유럽에 보낸 편지를 보면 당시 아이들이 어떻게 생활했는지가 잘 나타나 있습니다. 채석장에 배치되었다는 한 아이의 편지에는 겨울이 오기 때문에 난방용 재료가 없어서 산에 땔감을 구하러 가야한다는 표현이 있습니다. 광산에 배치된 다른 아이들의 편지에도 먹을 것을 구하거나 비슷한 상황에서 힘들게 생활했던 기록들이 나옵니다.

성공한 아이들이 없을 수는 없겠지만, 거의 전부는 광산이나 채석장 같은 곳에서 열악한 생활을 했던 것으로 보여집니다."

– 이해성, 폴란드 브로츠와프 한국어학과 교수

1960년대부터 북한의 대외 노선은 반소 반중 자립 노선으로 요약할 수 있다. 이것은 북한식 자주노선의 확립이라는 명목으로 진행되었지만, 실제로는 김일성의 유일사상 체계를 합리화하기 위한 수단에 불과했다. 김일성 입장에서는 유럽식 사고방식과 수준 높은 교육을 받은 동유럽 북한 전쟁고아들이야말로 자신의 유일사상 체계를 유지하는데 가장 위험한 요소들이었다. 언제 터질지 모르는 시한폭탄과도 같았다. 아이들이 북한으로 귀국 직후 두세 명 단위로 시골 마을이나 탄광 지역에 배치되었다는 스타니스와프 바할 씨의 증언은 이를 뒷받침하고 있다.

작은
군대

과연 아이들은 동유럽에서 하루하루를 어떻게 생활하고 있었을까? 그들의 삶을 이해할 수 있는 기록 필름들은 아이들의 일상을 이해할 수 있는 소중한 자료들이었다. 특히 루마니아 국립 기록보관소에서 발견된 시레트 조선인민학교에 관한 기록필름에는 아이들의 하루 24시간 행적들이 고스란히 담겨있었다.

북한 아이들에게는 규칙적인 생활과 엄격한 규율이 적용되었다. 모두가 하나같이 같은 시간에 기상을 했고 김일성의 얼굴이 새겨진 인공기를 향해서 경례를 했다. 아침 조회 시간에는 김일성 찬가를 부르며 하루를 시작해야 했다. 이런 아침 조회 풍경은 동유럽 5개 나라 모두에서 똑같이 실행에 옮겨졌다. 북한 당국이 아이들에 대한 관리와 통제를 얼마나 체계적으로 유지하려고 노력했는지 잘 알 수 있다.

열 명 남짓한 인원으로 구성된 소조에는 반장이 있었고 그들을 감독하는 조장도 있었다. 그들의 생활은 철저하게 조직되었고 관리되었다. 개인의 자유란 허용되지 않았다. 그것은 유럽의 자유로운 분위기와는 어울리지 않는 삶이었다.

규율부원 학생들과 북한 사람들이 학교 건물에서 식당으로 건너갈 때 서로 만날 때가 있습니다. 그럴 때는 서로 인사를 하도록 예절교육을 시켰습니다.

– 제오르제타 미르초유

공산주의가 그렇듯이 같이 온 선생님들 사이에서도 그들 사이를 감시하는 사람이 있었던 것 같습니다. 아이들 교육을 제대로 잘 하고 있는지 철저하게 감시하고 점검했습니다.

– 이해성, 폴란드 브로츠와프대학 한국어학과 교수

실제로 어린 아이들로 구성되었던 북한 전쟁고아 기숙 학교에서 강도 높은 규율과 사상 교육이 진행되었다는 점은 자료를 통해서 하나하나 입증이 되었다. 루마니아에서 발견된 기록필름 안에는 아이들이 정확히 줄과 열을 맞춰서 행진하는 군대식 열병식과 제식 훈련 영상이 발견되었다. 오늘날 북한이 대외에 선전하기로 유명한 건군절 기념일에 김일성 광장을 행진하는 군인들의 모습을 보는 듯한 착각이 들 정도였다.

아이들은 몸집에 어울리지 않을 정도로 거대한 인공기를 들고 나

루마니아 기록보관소에서 발견된 북한 전쟁고아들의 열병식 장면.영화 '김일성의 아이들' 중에서.

란히 줄을 맞춰 행진했다. 그렇게 일렬로 손과 발을 맞추기 위해서는 엄청난 시간 동안 힘들게 연습을 했을 것이다. 그런데도 기록필름에 등장하는 아이들의 표정에는 당당함과 결연함이 묻어 있었다.

　비록 남의 나라에서 와서 지원을 받는 상황이었지만 북한 당국은 사회주의 조국에 대한 자부심을 고취시키기 위한 여러 가지 조치들을 강구했다. 사상 교육과 군대식 훈련은 그 대표적인 사례들이다. 아이들은 훈련을 통해서 개인보다는 집단을 중요시하는 사상으로 무장되었다. 그리고 국가에 대한 충성심이 아니라 김일성 한 개인에 대한 충성심을 지닌 존재들로 키워졌다.

> **행진 할 때 군인처럼 줄을 맞춰서 걸었어요.**
> **일종의 작은 군대였죠.**
>
> - 릴카 아나타소바, 불가리아 북한 전쟁고아 동창생

> **뒤로 돌아! 우로 돌아! 앞으로 가! 이런 한국말들은 지금도 기억이 나네요.**
>
> - 페트로브 콜레브, 불가리아 북한 전쟁고아 동창생

아이들에게는 해야할 일이 많았습니다. 예를 들어 기숙사 침실 정리도 그 중 하나였죠. 기숙사 바닥은 붉은 페인트로 칠해져 있었는데 아이들은 바닥에 광택을 내야만 했어요. 아이들이 8시에 학교에 가야했기 때문에 아침 6시 반이면 아이들을 깨워야 했어요. 방은 항상 깔끔하게 정돈되어 있어야만 했지요.
나중에 사찰관이 학교로 왔을 때 방이 정돈되어 있지 않다면 불미스러운 일이 되니까요. 그곳에는 엄격한 군대식 질서가 잡혀 있었어요.

- 스타니스와프 바할, 폴란드 교사

패배는
죽음이었다

북한 아이들의 생활은 여자와 남자가 철저하게 분리되었다. 기숙사는 물론이고 학교 교실에서도 남녀가 함께 같은 반에서 공부하는 경우는 거의 없었다. 전통적인 가부장적 전통이 그대로 유럽 생활에서도 이어 졌다. 여자 아이들에게는 순종과 절제의 미덕이 강조되었고, 남자 아이들에게는 강인함이 최고의 가치였다.

> 코레아에서 온 여자 아이들은 키가 작았어요. 우리 폴란드 여자 아이들이랑 비슷했어요. 아주 청결하고 아름다웠지요. 여자 아이들은 손재주가 뛰어났어요. 바느질을 아주 훌륭하게 해냈지요. 아이들은 수를 놓은 손수건을 폴란드 선생님들에게 선물하기도 했어요.
>
> – 할리나 도벡, 폴란드 교사

고아들은 전체적으로 여자 아이보다 남자 아이가 많았다. 북한이 전쟁고아들을 선별해서 보낼 때 여자 아이들보다는 남자 아이들을 선호했기 때문이다. 북한 당국은 동유럽 위탁 교육이 진행되던 초기 아이들에게 유럽의 선진적인 과학 기술을 배우게 하고, 귀국 후에는 국가 재건 사업에 투입하기 위한 목적이 있었다. 건설, 토목 기술이나 탄광 기술 등을 습득해서 북한에 귀국한 뒤에 개발 인력으로 활용하려는 의도가 있었던 것이다. 그리고 여기에 북한의 가부장적인 남아 선호 사상도 한몫을 하면서 남자 아이들 비중이 높아진 것이 아닌가 추측된다.

하지만 인간적인 유대감이나 소통 능력은 여자 아이들이 훨씬 좋았다. 유럽인 친구들과의 인간적인 관계에서 남자 아이들보다 여자 아이들이 더 친밀한 관계를 유지한 것도 그런 이유다. 유럽인 교사나 친구의 시선으로 볼 때 거칠고 강인함만을 추구하는 남자 아이들보다는 차분하면서도 순종적인 여자 아이들과 교감을 나누는 게 훨씬 편했다.

여자 아이들은 아주 순종적이고 말을 잘 듣는 아이들이었어요. 그들과는 좋은 추억을 많이 간직하고 있지요. 반면에 남자 아이들은 좀 달랐어요. 그들은 기강이 아주 잘 잡혀 있었어요. 아주 튼튼하게 훈련되었고 강했어요.
- 할리나 도벡, 폴란드 교사

동유럽에서 생활하는 동안에도 남자 아이들에게는 체력 강화를 목적으로 한 수업들이 많이 진행되었다. 특히 운동 시합은 매우 중요한

루마니아 '조선인민학교'에서 배구 경기를 하는 북한 전쟁고아들.

수업이자 일종의 훈련이었다. 아이들은 패배하는 것을 싫어했다. 패배는 곧 죽음과도 같았다. 남자 아이들이 특히 강했던 스포츠 종목은 축구와 배구였다. 경기가 시작되면 북한 남자 아이들은 경기가 끝날 때까지 최선을 다했다. 신체적으로 열세에 있음에도 불구하고 유럽 아이들과 대등한 경기를 했다. 부족한 신체 조건을 정신력으로 만회했다. 그런 강인한 정신력 덕분에 시합 때 북한 아이들이 이기는 경우가 많았다.

폴란드 아이들과 북한 아이들이 종종 함께 체육 수업을 했습니다. 스포츠 경기가 열리면 북한 아이들이 이길 때가 많았고 우리 폴란드 남자 아이들은 아주 분해했지요.
갈등도 좀 있었어요. 한 번은 싸움이 일어났는데 내가 중재자로 나서서 말렸지요. 북한 아이들에게 "얘들아 들어봐, 너희들은 우리

나라에 있고 우리는 너희들을 사랑한단다. 너희들이 화내고 기분
나빠하기를 원하지 않는단다. 이제 그만 진정해라"라고 아이들을
진정시켰어요.
북한 남자 아이들이 더 강했던 것 같아요. 우리 폴란드 아이들이
항상 졌지요.

- 할리나 도벡

그렇다면 왜 북한 남자 아이들은 스포츠를 마치 전쟁처럼 여기며
시합에 임했던 것일까? 이것은 아이들의 마음속에 내재해 있는 전쟁의
트라우마와도 관련이 있었다. 전쟁으로 모든 것을 빼앗긴 아이들에게는
더 이상 그 어떤 것도 빼앗기고 싶지 않다는 심리가 작용했다. 웃고 즐
길 수 있는 스포츠 시합에서까지 아이들이 악착같이 경기에 임했던 것
은 낯선 곳에서 살아남아야 한다는 생존 본능 같은 것이 있었기 때문이
었다.

지독한
독종들

헝가리에서 북한 아이들이 머물렀던 장소는 부다페스트 외곽에 자리잡고 있는 휘뷜시벨지 제르멕오트혼 고아원이었다. 이곳을 찾기 위해서는 인근 지역 주민들을 일일이 찾아다니면서 탐문조사를 해야 했다. 결국 구전을 통해서 전해져 내려온 이야기를 통해서 북한 아이들의 기숙사를 찾을 수 있었다. 현재도 그곳은 부모를 잃은 헝가리 아이들의 쉼터로 활용되고 있다.

헝가리에 머물렀던 북한 아이들은 약 500명 정도였던 것으로 알려지고 있다. 그들은 대부분 부다페스트 인근 지역에 분산 수용되었다. 헝가리는 1956년 '헝가리 혁명'에서 보여지는 것처럼 동유럽 국가들 가운데 가장 먼저 반소비에트 봉기가 일어난 곳이었다. 서구 영향으로 자유에 대한 갈망이 다른 어떤 지역보다 높았고, 소련의 입김에서 벗어나기 위한 저항도 많았던 지역이었다.

　1950년대 북한 아이들이 왔을 때, 헝가리 공산당은 북한 아이들과 헝가리 아이들이 같은 교실에서 수업을 받도록 지시했다. 인원이 많았던 루마니아나 폴란드와 달리 헝가리에서는 아이들을 별도의 시설에 수용하는 것에 정치적으로나 재정적으로 부담을 많이 느꼈다. 헝가리 학교에서는 북한 아이들과 헝가리 아이들이 함께 수업을 듣게 함으로써 낯선 외국 생활에 빠르게 적응할 수 있도록 유도했다.

　헝가리 기록보관소 중 하나인 MTVA Archivum에서는 1950년대 북한 아이들의 헝가리 생활을 엿볼 수 있는 사진들이 여러 장 발견되었다. 사진 속 아이들은 예술과 문화 행사에 참여해서 적극적으로 활동을 하고 있었다. 과학 기술 분야에 대한 별도의 수업도 있었다.

　헝가리가 북한 아이들을 차별적으로 대하지 않으려고 노력한 흔적들도 보인다. 비록 이데올로기 선전을 위한 목적도 있었겠지만, 다른 어떤 나라보다 공식적인 행사나 문화적인 교육 프로그램들을 많이 운영했다. 전문 사진 작가들에 의해서 촬영된 수준 높은 사진들도 많이 발견되었다. 사진 속 북한 아이들과 헝가리 아이들은 마치 형제처럼 함께 어깨동무를 하며 즐겁게 사진을 찍었다. 다른 동유럽 국가들에 비해 자유로운 분위기 속에서 생활이 이뤄졌다는 것을 알 수 있다.

　하지만 1956년 헝가리 자유화 운동 이후 북한과의 관계는 점점 소원해졌다. 실제로 헝가리 자유화 운동에는 당시 부다페스트에 머물던 상당수 북한 유학생들이 참여하기도 했다. 그들은 곧바로 헝가리 주재 북한대사관에 적발되어 북으로 강제 송환되었다. 이런 조치들은 북한

이 당시 일어나고 있던 동유럽의 자유화 움직임에 얼마나 많은 신경을 쓰고 있었는지를 잘 알 수 있게 해준다. 헝가리 부다페스트 공대는 북한 유학생들이 많이 유학을 가는 대학이었는데 1960년대 들어서면서 숫자는 급격히 줄어들었다. 이 역시 헝가리 자유화 운동과 무관하지 않은 결과였다.

세월이 많이 흐른 탓에 북한 아이들이 머물렀던 기숙사나 학교를 찾는 작업은 쉽지 않았다. 힙겹게 부다페스트 외곽에 위치했던 고아원 하나를 찾을 수 있었다. 현장에 도착해서 취재 협조를 요청했지만, 고아원 측은 쉽사리 취재를 허락하지 않았다. 현재도 헝가리 아이들을 위한 고아원으로 운영되고 있기 때문에 아이들의 프라이버시를 보호하기 위

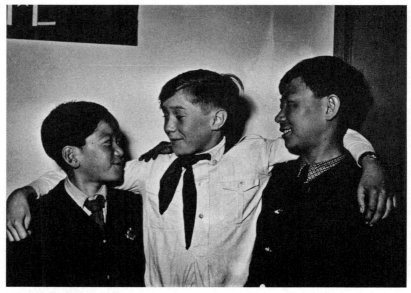

북한 전쟁고아와 헝가리 급우.

한 조치들이었다.

우리는 간신히 건물 외부와 북한 아이들이 머물렀던 공간에 한해서만 촬영 협조를 얻어낼 수 있었다. 놀이터에는 70년 전 북한 아이들이 뛰어놀았을 법한 낡고 녹슨 평행대가 하나 남겨져 있었다. 평행대는 나무가 거의 부서질 정도로 낡아서 더 이상 사람이 올라설 수 없을 정도로 이미 기능을 상실한 상태였다. 금방이라도 부서질 것 같은 녹슨 평행대를 보면서 세월의 무상함이 느껴졌다. 어디선가 불쑥 재잘거리며 뛰어놀았을 아이들의 모습이 나타날 것만 같았다. 아이들은 저 평행대 위에서 유럽 아이들과 뛰어놀며 힘겨루기를 했다. 그들과 운동경기를 한 경험이 있는 유럽 동창생들은 북한 아이들 중에서 운동 신경이 발달한 아이들이 많았다고 증언하고 있다.

기억에 남는 점은 아이들이 쉽게 지치지 않는 거였어요.

- 니콜로브 보야지에브, 불가리아 북한 전쟁고아 동창생

깃털이 달린 작은 물건을 발로 차는 경기(제기차기)였어요.
그걸 누가 땅에 떨어뜨리지 않고 오래 차는지 시합도 했죠.

- 페트로브 콜레브, 불가리아 북한 전쟁고아 동창생

생존자들의 증언을 종합해보면 아이들은 운동 시합을 할 때 쉽게 패배를 인정하지 않으려 했다. 세상에 홀로 버려진 아이들에게 게임의 승패조차도 생존과 관련된 문제였다. 강한 자만이 살아남을 수 있다는

헝가리 학생들과 함께 수업 중인 북한 아이. 당시 교실에서 수업은 헝가리어로 진행되었다.

정신적인 압박감이 아이들을 더욱 강한 존재로 단련시켰다.

북한 아이들은 다혈질이고 똘똘 뭉쳤습니다. 그러다 싸움이 날 때
면 루마니아 아이들과 달리 상대편이 쓰러질 때까지 싸웠죠.
아주 독종들이었죠.
한바탕 싸움을 하고 나서야 쥐 죽은 듯이 조용해졌어요.

- 장 피르 또마, 루마니아 시레트 조선 인민 학교 관리인

걸어서
유럽까지

1950년대 중반이 되면서 비록 소수이긴 하지만 동유럽 전쟁고아들 중에 일부가 북으로 되돌려 보내졌다. 정신질환, 전쟁 트라우마, 정체성 혼란 등을 겪는 아이들이 여기에 해당됐다. 북송 작업은 은밀하게 진행됐다. 갑작스러운 송환으로 인해서 동유럽에 남아 있던 아이들이 심리적으로 동요하는 것을 우려한 조치였을 것이다.

그런데 정신이 이상한 아이만 북송된 것은 아니었다. 학교에서 말썽을 피우거나 담장을 넘어 기숙사 밖으로 무단 출입을 하는 소위 문제아들도 포함이 되었다. 그 중에서 원둔천이라는 아이에 관한 이야기는 매우 충격적이었다. 아이가 북으로 돌아간 뒤에 다시 폴란드까지 걸어서 가겠다고 집을 나선 것이다. 아이는 결국 중국-몽골 국경 근처에서 사망하고 말았다.

"12살 정도 되는 아이였습니다. 폴란드에 있을 때도 수업 땡땡이 치고 도망 다니고 그러다가 문제아로 취급을 받았죠.
애는 굉장히 똑똑하고 착했다고 합니다.
그래서 1956년도에 20명 정도가 먼저 북한에 돌아가게 됩니다.
대부분은 아팠거나 정신적으로 우울증이 있는 아이들이었는데, 그때 같이 보내 버렸어요. 나중에 먼저 들어간 아이들이 프와코비체 선생님들에게 편지를 썼어요.
그 내용에 보면, 원둔천 학생이 국경을 넘어서 중국으로 해서 폴란드 까지 걸어가겠다고 하다가 늪에 빠져 죽었다는 이야기가 나오죠."

- 이해성, 폴란드 브로츠와프대학 한국어학과 교수

원둔천이라는 아이의 사망 소식은 이번 취재 과정에서 접한 가장 충격적인 소식이었다. 걸어서 국경을 넘어서 폴란드까지 가겠다는 생각을 마음 속에 품었다는 것도 놀랍지만, 12살 아이가 실제로 자신의 계획을 실행에 옮겼다는 것은 더욱 놀랄 만한 일이었다. 아이에게는 그만큼 간절함이 있었다. 과연 무엇이 원둔천으로 하여금 국경을 넘어 폴란드까지 걸어가도록 만들었을까?

어쩌면 그 안에 우리가 다 이해하지 못한 북한 전쟁고아들과 동유럽의 친구, 그리고 교사들 사이에 존재했던 인간적인 교감의 비밀이 숨겨져 있었던 것은 아니었을까? 혹시 그들에게는 반드시 돌아가야 할 절박한 이유가 있었던 것은 아닐까? 원둔천의 죽음은 많은 궁금증과 질문들을 남기고 있다. 비록 나이는 어렸지만 그에게는 자유에 대한 갈망 같은 것이 존재하고 있었던 것으로 보인다.

실제로 동유럽에 거주하던 많은 아이들이 틀에 박힌 북한식 교육 방식에 적잖은 불만을 지니고 있었다. '조선인민학교', 혹은 '김일성학원'이라는 이름으로 불렸던 당시 아이들의 기숙사는 엄격한 통제가 있었다. 10명을 단위로 해서 조장과 반장이 존재하고 그들을 감독하는 감독관들도 존재했었다. 아이들은 매일 아침 6시 30분에 기상을 했고 집단 체조를 한 다음에 줄을 맞춰서 정렬했다. 그리고 김

폴란드 프와코비체에서 살았던 원둔천 학생은 북한으로 송환된 뒤 걸어서 폴란드로 돌아가겠다고 길을 나섰고, 중국과 몽골 국경에서 사망했다.

일성의 얼굴이 그려진 인공기를 향해서 거수 경례를 했다.

김일성 유일사상 체계이자 북한 사회를 움직이고 있는 '주체 사상'은 실질적으로 1960년대 초부터 작동되어 주민들의 생활 속에 구현된 것으로 지금까지 알려져 왔다. 하지만 1950년대 동유럽 북한 전쟁고아들의 생활상을 추적하면서 김일성 유일사상 체계는 이미 동유럽 북한 전쟁고아들에게 시범적으로 운영되고 있었다는 사실을 알게 되었다.

문제는 그 중에서 비록 소수이긴 하지만 이런 김일성 우상화 교육에 반기를 드는 아이들도 있었다는 사실이다. 폴란드 프와코비체에서 강제로 추방되었던 원둔천이라는 아이도 그런 부류였다. 그는 북한인 교사와 사사건건 충돌을 했다. 어떤 이유에서 이런 충돌이 발생했는지

그 정확한 원인과 내용을 알 수 있는 방법은 없다. 다만 북한으로 돌아간 아이들이 폴란드 교사와 친구들에 보낸 편지를 통해서 간접적으로 이해할 수 있을 뿐이다.

대부분의 증언은 원둔천이 총명한 아이였다는 데 이견이 없다. 머리가 똑똑해서 아이의 별명은 막심이었다. 막심이라는 별명은 당시 유행했던 소련 영화 〈막심카〉 (1952년)라는 작품에 등장하는 주인공 소년의 이름이었다. 주인공 막심은 러시아 선원들에게 구조되어 배에서 생활하면서 점점 똑똑하고 생활력 있는 아이로 커간다. 영화 속 주인공처럼 원둔천이라는 아이 역시 생활력 있게 모든 일에 열정적이면서 창의적으로 문제를 풀어나간 아이였다.

하지만 원둔천은 당시 북한식 교육 방법이 마음에 들지 않았다. 자유로운 동유럽 생활 분위기와는 어울리지 않는 생활 방식이었다. 결국 원둔천은 학교 규칙을 어기고 자주 담을 넘어 학교 밖으로 나갔다. 그는 보다 넓은 세상을 보고 싶었다. 그만큼 호기심이 강한 아이였다. 수업에도 빠지고 선생님들이 대답하기 곤란한 질문들을 하고 다녔다.

결국 북한 당국은 원둔천을 정신이 이상한 아이들 틈에 포함시켜 북으로 돌려보냈다. 그것이 비극의 시작이었다. 걸어서 국경을 넘어 유럽까지 가겠다고 결심을 했을 정도로 그 아이에게는 반드시 돌아가야만 하는 또 다른 고향이 있었다. 세상에 알려지지 않았을 뿐, 원둔천처럼 북한을 탈출하겠다는 마음을 품고 살았던 아이들은 한둘이 아니었다.

선한 사람들끼리는
언어가 중요한 것이 아니다

정착 초기 언어와 문화 차이로 생활에 어려움을 겪던 아이들은 시간이 지날수록 유럽의 문화와 생활에 빠른 속도로 적응해 나갔다. 유럽인 친구를 사귀고 교사들과도 허물없이 지내는 아이들이 많아졌다. 이런 배경에는 유럽인 교사들의 아낌없는 배려와 헌신적인 노력도 빠뜨릴 수 없는 것이었다.

제가 한 동료 교사에게 물었던 적이 있어요.

'말이 안 통하는데 교실 안에서 어떻게 소통했어?'라고요.

그랬더니 이렇게 대답 하더라고요.

'별 문제없이 잘 소통했어'라고요.

그들이 대화를 나눌 때 어느 언어로 이야기했는지 나는 잘 모르겠어요. 예전에 어떤 현자가 이런 말을 한 적이 있습니다.
'선량한 사람들끼리 만나면 언어는 중요한 것이 아니다',라고요.

- 할리나 도벡, 폴란드 북한 전쟁고아 교사

비록 냉전과 이데올로기의 선전을 목적으로 출발한 북한 전쟁고아 프로젝트였지만 그곳에는 순수한 인간들 사이의 만남이 존재하고 있었다. 유럽인 교사들은 어떠한 편견도 없이 아이들을 대하려고 노력했다. 유럽 교사들이 대부분 나이가 무척 어렸다는 것도 그들의 순수한 만남에 큰 영향을 미쳤다. 폴란드, 루마니아, 불가리아 경우에는 17세에서 19세 사이의 젊은 교사들이 조선인민학교에 발령이 되었다. 그들 대부분은 학교에 처음 발령을 받는 신임 교사들이었다.

"이때 오신 선생님들은 가난한 빈농 출신들이거나 실제로 2차 대전 때 부모를 잃은 분들도 많았습니다. '부모를 잃은 아이들에게 우리가 엄마, 아빠가 되어주자. 그래서 저 아이들의 아픔을 치료해주자.' 그렇게 마음을 먹고 온 교사들이 많았다고 합니다. 학교에서 가르치는 교사, 아이들을 돌보고 재우고 하는 보모, 그 외에 요리사, 청소부, 세탁하는 사람처럼 여러 부류의 사람들이 있었지만, 그들이 아이들에게 모두 엄마, 아빠라고 부르라고 했던 것은 그런 이유였습니다."

- 실비아 쉬츠, 폴란드 북한연구원

북한 아이들에게는 당시 동유럽 경제 상황에 비춰볼 때 상당히 풍부한 음식과 최상의 생활 조건이 제공되었다. 2차 세계 대전 직후 경제 사정을 감안한다면 매우 파격적인 조치였다. 북한 아이들의 식사 제공을 위해서 전문 요리사들이 배치되었다. 하지만 쉽게 서양 음식에 적응하지 못하는 아이들도 많았다.

아이들이 처음 왔을 때는 폴란드 음식에 적응하지 못해서 굉장히 힘들어 했습니다. 하지만 1년도 안되어서 폴란드 음식에 적응을 했어요. 그 뒤로는 마카로니 같은 것도 아주 맛있게 먹었죠.

– 스타니스와프 바할, 폴란드 북한 전쟁고아 교사

폴란드 바르샤바 인근에 있던 오트보츠크 시비데르에서 아이들을 지도했던 교사 할리나 도벡 씨와 프와코비체에서 교사 생활을 했던 스

루마니아 '조선인민학교' 단체 급식 시간.

타니스와프 바할 씨의 증언은 당시 아이들을 돌보는 일이 결코 쉽지 않은 일이었음을 알 수 있게 해준다. 단순한 자선사업 이상의 각별한 애정과 배려가 없이는 불가능했던 일들이었다.

무엇보다 아이들 수가 절대적으로 많았다. 폴란드 경우에는 1천 명이 훨씬 넘는 아이들이 공동 생활을 해야 했고, 심지어 루마니아에는 비공식 자료에 의하면 3천 명 가량의 북한 아이들이 이주했다. 말 그대로 전쟁고아 집단 이주였다. 어린 아이들의 이동과 생활에는 각별한 주의가 필요할 수밖에 없었다. 먹고 자고 입는 것에서부터 아이들 교육까지 결코 어느 것 하나 소홀히 할 수 없는 일들이었다. 게다가 전쟁터에서 부모가 죽는 것을 목격한 아이들의 전쟁에 관한 트라우마를 치유할 수 있는 방안도 필요했다.

하지만 북에서 온 아이들은 낯선 유럽 생활에 적응하지 못하는 아이들이 대부분이었다. 이런 부적응 현상은 정신적인 측면과 육체적인 측면에서 동시에 나타났다. 이런 아이들을 치유하기 위해서 현지에서는 가장 유능한 의사와 간호사들이 24시간 아이들 건강 상태를 체크했다.

루마니아에서 발견된 북한 전쟁고아들의 의료 시스템을 다룬 기록 필름 안에는 아픈 아이들을 위해 헌신적으로 노력하는 의료진들 모습이 생생히 담겨 있었다. 심지어 응급 환자가 발생할 경우를 대비해서 기숙사 인근에는 환자 수송용 경비행기가 배치되었다. 아이들이 수용되었던 모든 나라에서 사망자 발생 비율이 상대적으로 낮은 것은 이런 이유였다.

5천 명 이상의 북한 아이들 중에서 사망자가 보고된 경우는 루마

루마니아 시레트 '조선인민학교' 인근에는 응급상황에 대비해 경비행기가 24시간 대기했다.
영화 '김일성의 아이들' 중에서.

니아에서 2건, 폴란드 1건, 불가리아 1건 정도가 전부였다. 의도적으로
사망 사건 비율을 낮출 수도 있었겠지만, 무척 적은 수치인 것만은 분명
해 보인다. 동유럽 국가들이 아이들을 위해서 최선의 지원을 아끼지 않
았다는 것을 보여주고 있는 근거다.

그럼에도 불구하고 북한 아이들과 현지 교사, 의료진들 사이에서
는 여전히 의사 소통에 문제가 많았다. 특히 이주 초기에는 통역관이
많지 않아서 아이들의 의사를 정확하게 현지인들에게 전달하는 것에
많은 한계가 있었다. 평양과 서울에서 루마니아 대사를 역임했던 이시
도르 우리안 대사는 북한 아이들과 현지인들 사이의 의사소통에 문제
가 많았다는 것을 알 수 있는 흥미로운 증언을 하나 하고 있다.

대부분 아이들 건강 상태가 그렇게 좋지는 않았어요.

아이들이 '아파' '아파'라고 자꾸 말을 하는데 그 말이 정확히 뭘 뜻하는지 몰랐어요.

루마니아 말로 '아파'는 '물' 입니다. 그래서 북한에서 온 사람을 불러서 이 아이가 무엇을 원하고 있는지 물어봤어요.

자꾸 '아파' '아파' 라고 하는데 혹시 물을 달라는 뜻인지 물어보라고 했죠. 그랬더니 그 사람이 아이가 아픈 거라고 알려줬죠. 그만큼 우리는 모르는 것들이 많았어요.

– 이시도르 우리안, 전 북한 주재 루마니아 대사

우정이
사랑으로

1953년 3년 동안 끌었던 한국 전쟁이 끝이 났다. 전쟁이 끝났다는 소식은 멀리 동유럽까지 날아왔다. 북한 아이들과 교사들에게도 평화의 기운이 전달되었다. 그동안 전쟁으로 인해 느껴야 했던 심리적 압박감에서 서서히 벗어나기 시작했다. 그리고 유럽의 새로운 가치관과 생활방식에 조금씩 눈을 뜨기 시작했다.

북에서 온 아이들은 해를 거듭할수록 유럽 생활에 빠르게 적응해 나갔다. 무엇보다 현지 언어가 익숙해지면서 의사소통에서 발생하는 문제들도 해결되었다. 언어 문제는 정착 초기 아이들을 괴롭혀왔던 가장 큰 문제였다. 언어 장벽이 무너지면서 유럽 아이들과도 깊은 우정을 나누기 시작했다. 그리고 우정이 사랑으로 바뀌는 경우도 있었다. 획일적인 규율에 익숙했던 아이들에게 변화가 일어난 것이다. 그런 현상은 젊은 시절 아이들과 함께 유럽에 정착한 북한 교사들에게도 마찬가지 일이었다.

하지만 외국인과의 연애나 결혼은 원칙적으로는 불법으로 간주되었다. 심지어 외국인과 교제를 하면 간첩 행위로 오해를 받을 수도 있었다. 미소 냉전이 한창 진행되던 시기 속에서 신원이 명확하지 않은 외부인들을 의심하는 분위기가 강해졌다. 상대방 정보를 캐내기 위한 첩보원들의 공작 활동이 한창이던 시절이었다. 당연히 외국인과의 결혼 자체를 달가워 하지 않는 시선들이 많았다. 그런 위험을 감수하면서 외국인과 연애를 하는 사람들은 많지 않았다. 하지만 남녀가 서로에게 끌리고 좋은 감정을 갖는 것은 본능이다. 그건 인위적으로 막을 수 있는 일이 결코 아니었다.

북한과 루마니아 학생들이 사귄 경우도 있었어. 학생뿐 아니라 교사도 연애를 했지. 그들이 결혼을 하면 내가 역까지 배웅을 했어. 북한 사람이 루마니아 사람과 결혼을 하면 루마니아에 함께 있을 수 없었어. 그게 규칙이었지….
헤어지거나 북한으로 송환되었어, 자식들과 함께….
- 장 피르 또마, 루마니아 시레트 조선 인민 학교 관리인

자유로운 연애나 결혼을 금기시 한 것은 북한 쪽이나 동유럽 국가 쪽이나 마찬가지였다. 하지만 현지 공산당과 교육 당국, 그리고 북한 관리자들의 엄격한 연애 금지 조치에도 불구하고 곳곳에서 은밀하게 사

랑을 나누는 커플들이 생겨났다.

동독의 레나타 홍, 폴란드의 오가렉 최, 루마니아의 제오르제타 미르초유와 같은 여성들은 이 시기 북한인 남편과 결혼을 한 뒤 평양에서 가정까지 꾸린 경우에 해당된다. 그들은 비밀리에 연애를 하다 정식으로 결혼 승인 절차를 신청했다. 당시 루마니아 경우에는 민족위원회에서 외국인과의 결혼을 승인해야 정식으로 결혼을 할 수 있었다.

루마니아의 제오르제타 미르초유 씨는 최초로 북한과 루마니아 정부 사이에서 혼인을 인정한 경우였다. 결혼을 한 뒤 미르초유와 북한인 남편 조정호는 북한대사관에 정식으로 비자를 발급받아 북으로 입북했다. 그들 사이에서는 자녀도 태어났다. 하지만 그들의 행복했던 결혼 생활은 오래 가지 못했다. 1956년부터 일어나기 시작한 유럽의 자유화 물결, 북한 내부 종파 투쟁으로 인한 외국인 배척운동이 겹치면서 그들은 강제로 생이별을 당하는 처지에 놓였다. 심지어 강제로 이혼을 당하는 사례도 있었다. 이런 현상은 1960년대 초반까지 계속 이어졌다.

북한 측에서는 외국 국민과의 혼인을 심지어 공산주의 국가 국민이라고 해도 인정하지 않았습니다. 특히 외국인 여성과의 결혼은 불법으로 간주했습니다. 북한 국민과 결혼한 외국인들은 아이들과 함께 강제로 북한에서 추방당해야 했습니다.

그래서 1962년은 오늘날 우리가 알고 있는 북한의 폐쇄가 이루어지는 해라고 말할 수 있을 것입니다.

- 실비아 쉬츠, 폴란드 북한 연구원

시기적으로는 1953년부터 1956년 사이 3년 동안이 자유로운 연애가 가능했던 시간이었다. 하지만 1956년을 기점으로 상황은 급변했다. 자유로운 연애가 금지된 것이다. 개인적인 접촉이나 만남은 시간이 갈수록 힘들어졌다. 이런 경향은 1960년대 초반까지 더욱 강화되었다. 북한 스스로 고립과 폐쇄의 길을 선택했기 때문이었다.

폴란드 프와코비체에서 몰래 사랑을 키우던 북한 남자 윤과 폴란드 여성 크리시아, 북한 여성 리수옥과 폴란드 남성 마렉의 비밀 연애는 북한 관리자들에 의해서 적발되면서 강제로 이별을 해야 했던 대표적인 경우였다. 북한 남자 윤과 여성 교사 리수옥은 북한 정보원들 손에 의해서 북으로 강제 송환되었고 이후로 그들의 행방을 아는 사람은 아무도 없었다.

모두 비슷한 시기에 일어난 일입니다. 폴란드, 루마니아, 동독 등지에서 북한 출신 해외 유학생들 중에 현지인과 가정을 꾸린 사람들이 있었죠. 다 강제로 이혼했습니다. 엄밀히 말하면 이혼당했죠. 바르샤바대학교에 한국어과를 만드신 할리나 오가렉 최 같은 분은 평양에서 딸을 낳고 한동안 살았는데도 불구하고 결국 이혼 당하고 강제로 추방당했습니다. 그리고 1986년 폴란드 대통령 야루젤스키의 공식 북한 방문이 있었습니다. 정상회담을 하는데 할리나 최 할머니께서 '제발 우리 남편을 한 번만 만나게 해달라'고 애원을 했는데도 끝까지 만나게 해주지 않았어요. 그때 정상회담 통역을 했는데도 불구하고 말입니다.
- 이해성, 폴란드 브로츠와프대학 한국어학과 교수

폴란드에서 사랑을
나누던 크리시아와
윤 커플은 강제 이별의
아픔을 경험해야 했다.

마렉(앞줄 왼쪽에서 두 번째)과 리수옥(뒷줄 오른쪽 끝) 커플. 이들의 연애 소식이 알려지면서
교사 리수옥은 갑작스럽게 북한으로 송환되었고 이들은 두 번 다시 만나지 못했다.

북한인과 동유럽인들 사이에 강제 이별과 이혼 조치는 북한 내부에서 1959년부터 일어나기 시작한 외국인 배척 운동이 결정적인 영향을 미쳤다. 사랑하는 커플들을 떼어놓기 위한 공작은 다양한 방식으로 진행되었는데, 외부인이 없는 곳으로 강제로 이주시켜서 정신적인 스트

레스를 주는 방식, 식료품 구입 비용을 줄이거나 임대료 지원을 중단하는 것 같은 경제적인 방법 등이 주로 활용되었다. 그래도 끝끝내 헤어지지 않는 커플들의 경우에는 국제 결혼 자체를 아예 불법으로 규정해서 이혼을 강요하기도 했다. 어떤 이유로도 정당화될 수 없는 인종 차별, 외국인 배척 움직임들이었다.

이름을 밝히기를 거부한 한 폴란드 여성은 1962년까지 평양에 거주하다 강제 추방된 경우에 해당된다. 그녀는 북한의 국제 결혼 방해, 강제 이혼 조치에 아무런 대응이나 외교적 조치를 취하지 않는 폴란드 공산당에 항의하기 위해서 평양 주재 폴란드 대사관에 들어가 시위를 하면서 농성을 벌였다. 하지만 북한 당국은 아무런 반응도 보이지 않았다.

결국 그녀는 자신의 뜻이 받아들여지지 않는 것을 비관해서 자살을 시도했다. 그런 애절한 호소에도 불구하고 북한 당국은 남편과의 만남을 허락하지 않았다. 그녀는 다행히 목숨을 건진 뒤, 북한 남편과의 사이에서 태어난 아들을 데리고 폴란드로 돌아와서 시골 마을로 이사를 했다. 그리고 그곳에서 폴란드 남자를 만나 남은 여생을 살다 쓸쓸하게 생을 마감했다.

이렇듯 인간의 자연스러운 감정까지 통제하려는 모습 속에서 폐쇄적인 북한 사회를 이해할 수 있는 열쇠가 숨겨져 있다. 개인의 자유로운 삶과 가치관, 행복을 추구할 권리는 집단 제일주의, 김일성 중심의 유일 사상 체계를 중시하는 정책들로 인해서 언제나 뒷전으로 밀려났다. 자유로운 연애까지도 당의 허락을 받아야 하고, 일일이 사생활을 보고해야 하는 체제에 반감을 갖는 사람들도 늘어났다.

그런데 도대체 어떤 이유에서 북한 당국은 국경과 인종을 초월한 사랑을 불법으로 간주하고 금지시키려고 했던 것일까? 실제로 그런 조치들로 인해서 북한인과 결혼해서 평양에 살고 있던 외국인들에게는 1960년대 초반까지 추방 조치가 이뤄졌다. 그들은 왜 결혼까지 한 정상적인 부부들 사이를 갈라놓고 생이별을 하게 만든 것일까? 어떤 이유에서 수십 년이 지난 지금까지도 그들의 재회는 이뤄지지 않고 있는 것일까?'

숱한 의문점들이 꼬리를 물고 이어졌다. 그걸 해결할 수 있는 방법은 오직 한 가지. 북한인과 결혼을 했던 사람들을 직접 만나보는 것이었다. 우리는 북한인 남편과의 재회를 60년 동안 기다리고 있는 한 여인을 찾아서 루마니아 수도 부쿠레슈티로 향했다. 그녀가 찾고 있는 남편의 이름은 조정호. 1951년 루마니아에서 3천 명 가량의 북한 전쟁고아들을 이끌고 루마니아 시레트로 왔던 바로 그 남자였다. 미르초유와 조정호 부부의 이야기에는 분단과 대립으로 이어지고 있는 한국 현대사의 슬픔과 아픔이 곳곳에 숨겨져 있었다.

제3장 살아있는 자를 위한 촛불

북한 남편을 기다리는 여인, 미르초유

"1950년대 북한인들과 폴란드인들이 프와코비체에서 함께 생활하던 시기에 폴란드 선생님 한 명이 북한 사람에게 물어봤다고 합니다. '왜 너희는 우리 폴란드 아가씨들과 결혼할 수가 없니'라고요. 그 남자가 대답하기를 '우리는 당이 우리에게 허락한 것만 할 수 있어. 당은 우리에게 외국 여인을 사랑하도록 허락한 적이 없어'라고 대답했다고 합니다."

- 욜란타 크리소바타, 폴란드 다큐멘터리 감독

폴란드에서 2006년 북한 전쟁고아들에 관한 다큐멘터리를 만들었던 욜란타 크리소바타 씨는 당시 북한인 남자와 사랑에 빠져 결혼까지 한 뒤 아이를 낳은 한 폴란드 여성을 직접 만나 인터뷰를 했다. 그녀

루마니아 여인 제오르제타 미르초유와 북한 교사 조정호 커플.

의 증언에 따르면 북한인 남자와 연애를 하는 것 자체가 부자연스럽고 위험한 일이었다. 무엇보다 북한인과 결혼을 한 뒤에 그녀가 유럽에 남아서 살 수 있을지 보장이 되지 않았다. 모든 북한 아이들과 교사들은 언제든 다시 북한으로 돌아가야 하는 운명이었다. 가정이 깨지지 않고 유지되기 위해서 할 수 있는 유일한 선택은 유럽 여성들이 남편의 조국 북한으로 들어가는 수밖에 없었다.

갈등은 1950년대 후반부터 북한이 반소 반중 고립주의 노선을 채택하면서 벌어졌다. 이때부터 북한에서는 외국인, 외국 문화, 외래 사상에 대해서 무조건 배척하는 움직임들이 일어났다. 김일성은 자신의 왕국을 위해서 외부로 향하는 문을 모두 닫아 잠그던 시절이었다. 하지만 사람들 사이의 순수한 사랑까지 막을 수는 없었다. 이런 악조건 속에서도 북한인과 연애를 하거나 동거를 하는 커플들이 생겨났다. 경제적인 불이익, 신변의 위협까지 느껴야 하는 악조건 속에서도 그들의 사랑은 모든 장애를 초월했다. 사랑의 힘은 위대했다.

그들이 사랑했던 북한 남자들은 전쟁으로 모든 것이 파괴된 나라에서 온 사람들이었다. 그곳은 가난과 절망밖에 없는 땅이었다. 주위에서 북한인과의 사랑을 만류했던 이유도 그런 것이었다. 언제 다시 북으로 돌아갈지 모르는 남자와 사랑을 한다는 것은 자신의 인생을 걸어야 할 만큼 위험한 일이었다. 하지만 그들은 자신들 앞에 놓인 여러 장애들을 하나하나 극복했다. 그들의 사랑은 모든 것을 감수한 숭고하고 용감한 사랑이었다. 그리고 그렇게 어렵게 시작한 사랑을 쉽게 포기할 수 있는 사람은 많지 않다. 북한인 남편과 강제로 이별을 한 이후에도 사랑하는 사람의 귀환을 손꼽아 기다리고 있는 유럽 여인들에게는 저마다 그런 사연들이 있었다.

"북한인 남편을 기다리던 한 폴란드 여성이 기억 납니다.
그녀가 말하길, 두 사람은 힘들게 결혼을 했고 그 사이에서 아이도 한 명 태어났다고 합니다.
아이의 성은 아버지의 성을 따라서 윤이라고 지었습니다.
그 아이는 단 한 번도 아버지의 얼굴을 본 적이 없습니다.
그 여자를 만났는데 그녀가 제게 이런 말을 했습니다.
'여름에는 더워서 문을 열어놓고 잡니다. 문을 열고 자면 밖에서 소리가 들리는데, 남자 발자국 소리가 들릴 때마다 혹시 그이가 아

156

닐까 하고 돌아봐요.'라고요. 지금도 그녀를 생각하면 가슴이 아픕
니다."

- 욜란타 크리소바타, 폴란드 다큐멘터리 감독

이런 상황은 비슷한 시기 루마니아에서도 일어났다. 그녀의 이름
은 제오르제타 미르초유, 1934년 생으로 올해 나이 86세인 미르초유
씨 역시 북한인 남편과 결혼을 했고 딸을 하나 낳았다. 그녀는 1962년
평양에서 이별했던 북한인 남편을 60년이 지난 지금까지도 애타게 찾
고 있다. 그녀가 찾고 있는 북한 남자의 이름은 조정호였다.

16만 개 단어로 만들어진
한국어 사전

그녀는 현재 루마니아 수도 부쿠레슈티에서 딸과 사위, 그리고 손녀와 함께 살고 있다. 많은 세월이 흘렀지만 그녀는 아직도 남편 조정호와의 사랑을 잊지 못하고 있다. 혹시라도 남편이 돌아올지 몰라서 살던 집에서 이사도 하지 않았다. 그녀에게 조정호란 이름은 영원히 잊을 수 없는 그리움이며, 또한 원망이었다.

그녀는 남편과 언젠가 다시 만날 수 있을 것이란 희망을 잃어버리지 않고 평생을 살았다. 그 사랑을 잊지 않기 위해 그녀가 시작한 일은 한글 공부였다. 오로지 혼자만의 힘으로 시작한 한글 공부는 얼마 전 '한국어-루마니아어 사전'으로 결실을 맺었다. 13만 개 단어가 수록된 '한국어-루마니아어 사전', 그리고 3만 개 단어가 수록된 '루마니아어-한국어 사전'이 세상에 모습을 드러내는 순간이었다.

16만 개 단어가 수록된 자신의 한국어-루마니아어 사전을 들고 있는 미르초유 여사.

두 사전에 수록된 단어를 합치면 모두 16만 개가 넘는다. 그녀는 그 많은 단어들을 직접 손으로 노트에 하나하나 옮겼다. 사전 두 권을 완성하기 위해 그녀는 수십 년 세월을 바친 셈이다. 도대체 그녀는 왜 사전을 만드는 일에 그렇게 오래도록 매달려 왔던 것일까? 거기에는 그녀만의 남다른 사연이 있었다.

"남편이 돌아올 것이란 희망을 잃어버리지 않았기 때문에 가능한 일이었습니다. 세월이 많이 지나서 남편이 돌아와도 서로 말이 안 통할 것 같았어요. 그 사람이 루마니아 단어들을 다 잊어버렸을 테니까 말이죠. 그럴 때 사전을 펴 놓고 찾아보면서 대화를 할 수 있지 않을까 하는 생각에서 사전을 만들기 시작했습니다."

- 제오르제타 미르초유, 북한인 남편을 기다리는 루마니아 여인

남편과 만나 대화를 하기 위해서 그녀는 한글을 잊어버리지 말아야 했다. 그렇게 그녀의 사전 만들기는 시작됐다. 인간에게는 망각이라는 능력이 있다. 오래되어 불필요하거나 나쁜 기억들은 잊어버리려는 습성이 있다. 하지만 그녀에게 망각은 곧 이별이었다. 남편이 살아서 돌아올 것이라는 믿음이 없이는 불가능한 일이었다. 제오르제타 미르초유 씨의 사전 속에는 그녀만의 슬픔과 애절한 기다림이 교차하고 있었다.

2019년 2월, 나는 15년 만에 다시 루마니아 부쿠레슈티에 있는 그녀의 집을 찾았다. 2004년 그녀를 만나기 위해 처음 찾아갔던 그녀의 아파트는 세월이 변했지만 조금도 변한 게 없었다. 공산주의 시절에 지

어진 공동주택 단지에 속해 있는 아파트였다. 마치 성냥갑을 일렬로 세워놓은 것처럼 가지런히 건물들이 세워져 있는 집단 주거 단지였다.

세월이 많이 지났지만 모슬로르 거리 역시 예전과 하나도 달라진 것이 없었다. 길 건너편에 있었던 꽃가게에서부터 아파트 현관 옆에 있던 식당까지 변한 것이 없었다. 모든 게 예전 모습 그대로였다. 미르초유 씨는 그곳에서 남편을 기다리며 인내의 세월을 보냈다. 모든 것이 빠르게 변하는 세상이지만, 유럽에 오면 가끔씩 시간이 정지된 것 같은 착각에 빠진다. 그만큼 변화에 둔감하고 낡고 오래된 것을 지키려는 본능이 유럽인들에게 있는 것 같다. 거리 곳곳은 남편을 기다리고 있는 미르초유 씨의 모습과 어딘가 분위기가 닮은 게 느껴졌다.

잠시 장미꽃 한 다발을 사기 위해서 꽃가게에 들렀다. 문득 미르초유를 처음 방문하던 15년 전 그곳에서 꽃다발을 샀던 기억이 났다. 꽃집 여주인도 그때 그 사람이었다. 세월이 지나 약간 몸집이 뚱뚱해진 것을 제외하면 모든 게 똑같았다. 꽃집 주인은 빨간색 장미와 하얀색 안개꽃을 적당히 섞어서 한 묶음의 예쁜 꽃다발을 만들어 주었다. 이른 아침이라서 그런지 상쾌한 장미꽃 냄새가 더욱 진하게 코끝에 전해져왔다.

초인종을 누르고 아파트 현관 로비에서 5분 정도를 기다리자 미르초유 씨가 엘리베이터를 타고 현관문까지 내려왔다. 미르초유 씨는 머리카락 색깔만 하얗게 변했을 뿐이지 예전과 달라진 것이 없었다. 그녀에게 준비해 간 꽃다발을 선물했다. 꽃다발을 가슴에 안고 기뻐하는 모습을 보니 문득 그녀가 19살 때 북한인 남편을 처음 만났던 순간이 어땠을지 상상이 됐다. 물불 안 가리고 북한 남자와 사랑에 빠졌던 용기 있는 여인, 그리고 사랑을 지키기 위해 60년이란 세월을 기다리고 있는 순박한 여성, 제오르제타 미르초유. 그녀와의 재회는 그 자체가 가슴 벅찬 일이었다.

그녀는 잠시 후 우리를 거실로 안내했다. 가구와 장식장, 벽에 걸린 그림까지 예전 모습 그대로였다. 북한에서 사가지고 왔다는 색동저고리를 입은 딸의 어릴 적 사진도 액자에 잘 간직되어 있었다. 모든 것이 익숙하게 느껴졌다. 15년 전이나 지금이나 심지어 위치 하나 변하지 않은 것에 놀랐다. 그녀가 변화를 원하지 않는다는 증거들이었다. 그녀는 그렇게 남편과 재회할 수 있다는 희망을 포기하지 않고 있었다. 많은 세월이 흘렀지만 변화가 없는 그녀의 아파트를 보면서 고집스런 그녀의 집념이 느껴졌다.

잠시 후 차와 쿠키를 가득 담은 쟁반을 들고 그녀가 거실로 들어왔다. 자리에 앉자마자 그녀는 제일 먼저 사전 이야기부터 꺼냈다. 자랑하고 싶은 게 많은 모양이었다. 그도 그럴 것이 평범한 개인의 손으로 16만 자에 달하는 단어들을 사전으로 옮긴다는 게 어디 쉬운 일이었겠는가.

돌이켜 보면 2004년 처음 그녀를 만났을 때도 그녀는 사전 만들기를 하고 있었다. 책상 옆에는 그녀가 A4크기 종이에 적은 초벌 원고들이 테이블 위에 수북하게 쌓여 있었던 기억이 났다. 그때 만들고 있던 사전 쓰기 작업이 두 권의 사전으로 완벽하게 탈바꿈된 것이다. 그녀의 모습을 카메라에 담으면서 왠지 숙연한 마음까지 들었다. 잠시 후, 그녀가 건네 준 두툼한 크기의 사전을 받아 들고 한 장 한 장 넘겨보았다. 제법 무게가 나가는 대형 백과사전 크기만 한 사전이었다. 두툼한 사전을 손으로 만져보면서 나는 그녀의 끈질긴 집념을 느낄 수 있었다. 사전을 발간하기 위해 그녀가 들인 시간은 30년이 넘는다. 그녀에게는 평생의 작업이었다.

그것은 이 세상 누구도 쉽게 할 수 없는 숭고한 작업이었다. 도수 높은 돋보기 안경 하나에 의지해 가면서 머리가 하얗게 샐 때까지 그녀는 루마니아 단어들을 한국어로 옮겼다. 그렇게 한 글자 한 글자 종이에 쓸 때마다 남편의 모습이 떠올랐다고 한다. 사랑이라는 단어를 적으면서 자신과 남편이 함께 나눴던 순간들이 스쳐갔다. 글씨를 쓰면서 남편이 다시 가족의 품으로 돌아올 수 있을 것이라는 희망을 키웠다. 포기하고 싶은 마음이 들 때마다 한글 단어들을 쓰며 마음을 굳게 먹었다. 그래서 그녀의 사전 속 단어에는 슬픔과 눈물로 눌러 쓴 애절한 사연이 간직되어 있었다. 도대체 왜 아직도 그녀는 남편 조정호를 가슴에서 지우지 않고 있는 것일까?

드라마 같은
인생 여정

2004년 당시 그녀가 증언했던 북한 전쟁고아들에 관한 이야기들은 나에겐 충격적이었다. 3천 명에 가까운 아이들이 북한에서 루마니아로 넘어왔다는 사실에서부터 시작해서 4년에 걸친 비밀 연애, 가까스로 얻어낸 결혼 승인과 평양으로의 이주, 그리고 북한에서 강제 추방당하면서 남편과 생이별했던 과정에 이르기까지 모든 것이 마치 한 편의 드라마와 같았다. 그녀의 이야기들은 그때까지만 해도 한국에서는 알려지지 않은 숨겨진 역사였다.

평범했던 한 여인의 삶 속에는 한반도를 둘러싸고 벌어졌던 냉전과 이데올로기의 대립, 그리고 북한의 외국인 배척 운동과 주체사상 확립이라는 역사의 소용돌이가 숨가쁘게 전개되고 있었다. 하지만 그녀의 모든 이야기가 진실이 되기 위해서는 1950년대 북한 전쟁고아들의 동유럽 이주를 확인해줄 수 있는 객관적인 자료가 필요했다.

그녀의 개인적인 일상을 카메라에 담는 작업을 이어가면서 동시에 나는 현지에서 사람을 고용해서 북한 전쟁고아들의 행적을 입증할 수 있는 객관적인 증거들을 찾아 나섰다. 이 작업을 위해서 당시 루마니아 대학교에 다니고 있는 한국인 유학생을 섭외했다. 단서가 많지 않은 상황 속에서 60년이 지난 역사적 자료를 찾는 일은 쉽지 않았다. 그때만 해도 옛날 자료들에 대한 디지털 색인작업이 이뤄지지 않았기 때문에 자료를 찾는 작업은 일일이 사람 손으로 이뤄져야 했다. 루마니아 기록 필름보관소, 루마니아 국립도서관, 부쿠레슈티 대학교 도서관 등을 방문해서 옛날 자료들을 하나하나 뒤지지 않고는 찾을 수 없는 자료들이

1951년 루마니아에 도착하는 북한 전쟁고아들.

었다.

10일 간의 루마니아 취재 일정이 거의 끝나갈 무렵, 한국인 유학생으로부터 자료를 발견했다는 연락이 왔다. 자료를 확인하러 가는 길은 떨리고 긴장되는 순간이었다. 지금도 그때 순간들이 기억에 생생하다. 역사상 처음으로 동유럽 북한 전쟁고아들의 행적을 두 눈으로 확인하는 순간이었기 때문이다.

루마니아 공산당 기관지에서는 1950년 한국전쟁이 발발한 이후부터 '코리아'에 관한 이야기들을 본격적으로 보도하기 시작했다. 그 속에서 1951년 루마니아에 처음 도착한 북한 아이들에 관한 기사가 발견되었다. 김일성이 북한 아이들을 받아주고 돌봐 준 것에 대해 감사한다는 내용의 텔레그램도 신문에 그대로 실려 있었다. 루마니아 기록필름보관소에서는 북한 아이들의 생활 모습이 담긴 4분 30초짜리 35mm 기록필름이 존재한다는 것도 알게 되었다.

다음날 우리는 미르초유 씨와 함께 기록필름보관소에 도착해서 1953년에 제작되었던 북한 아이들의 행적을 담은 다큐멘터리 영화를 관람했다. 영화를 보는 내내 미르초유 씨는 시간을 거꾸로 돌려 아이들과 함께 생활했던 시레트라는 곳으로 마치 시간 여행을 떠나는 것처럼 보였다. 화면에서 자신이 아는 얼굴이 나올 때면 아이들 이름을 소리 높여 외쳤다.

저 아이들 이름 기억이 나세요?

"그럼요. 나팔을 불고 있는 아이는 박민도라는 아이였습니다. 북한 아이들을 가르치고 있는 교사 이름은 최순옥이었습니다. 그녀는 나무 아래에서 한국어로 수업을 하곤 했지요. 제일 기억 나는 아이는 신태근이라는 아이였습니다. 항상 밝게 웃고 있던 아이였어요. 동생이랑 함께 루마니아에 왔죠. 항상 나한테 달려와서 품에 안기곤 했습니다. 내 아들처럼 귀여웠어요. 상당히 똑똑하고 붙임성 있는 아이였습니다. 프랑스에 있는 북한 대사관에서 일을 하고 있다는 얘기를 언젠가 들은 적이 있습니다. 하지만 한 번도 다시 만난 적은 없었습니다. 정말 보고 싶네요."

– 제오르제타 미르초유

2004년 인터뷰 당시 언급했던 북한 교사 최순옥 씨가 나무 아래에서 한글 수업을 했다는 미르초유 씨의 증언은 2019년 루마니아에서

루마니아 시레트에서는 가끔 야외 수업을 했다. 5세 미만 아이들을 위해서 한글 수업을 하는 북한 교사 최순옥 씨. (영화 '김일성의 아이들' 중에서)

루마니아 시레트 '조선인민학교'에서 북한 아이들과 함께 서 있는 미르초유.
왼쪽 두 번째 소녀가 미르초유를 가장 많이 따랐다고 하는 정숙자 학생.

새로 발견된 기록 필름들을 통해서 사실임이 입증되었다. 미르초유 씨의 증언처럼 나무 아래에서 다섯 살 정도 되는 아이들이 한글을 공부하고 있는 모습이 그대로 기록 필름 속에 담겨 있었다. 15년의 시간적 격차를 두고 증언과 기록이 일치되는 순간이었다.

"몇 년만에 아이들을 보는지 모르겠네요.
다들 잘 지내는지 궁금하네요. 아이들 모두 착하고 성실했습니다."

미르초유 씨는 한 여자 아이 얼굴이 스크린에 등장하자 갑자기 손가락으로 그 아이를 가리켰다. '저 아이는 정숙자에요. 나를 가장 많이 따랐던 아이였어요.' 60년이나 지났지만 그녀는 아이들 이름을 정확히 기억하고 있었다. 그중에서도 자신을 가장 많이 따랐다고 하는 정숙자라는 여자 아이 얼굴이 화면 속에 등장하자 미르초유 씨는 감정이 복받치는 것 같았다. 그녀는 참았던 눈물을 흘렸다. 옆에서 그녀의 모습을 카메라에 담으며 마음이 숙연해졌다. 세월에 묻히고 아무도 관심조차 기울이지 않았던 북한 아이들의 역사가 세상에 처음으로 공개되는 순간이었다. 누구도 부정할 수 없을 만큼 생생한 자료들이었다. 그날의 기억은 지금도 생생히 잊혀지지 않고 있다. 바로 2004년의 일이었다.

미르초유의 증언에 따르면 루마니아에 왔던 북한 아이들은 모두 3,000명이나 됐다. 동유럽 다섯 나라 중에서 가장 많은 숫자였다. 당시 루마니아 차우세스쿠 대통령과 북한 김일성이 각별한 사이였기 때문에 가능했던 일이었다. 아이들은 나중에 루마니아 여러 도시로 흩어졌다. 시레트로 간 아이는 2,700명으로 가장 많았고, 초등학교 1학년에서 4학년까지 아이들 500명, 5학년에서 8학년까지 700명 정도의 아이들은 나중에 수도 부쿠레슈티에서 가까운 투르고비쉬테로 이동했다.

전쟁고아들 뿐만 아니라 부모가 있는 고등학생과 대학생들도 포함되어 있었다. 북한이 엘리트들을 선발해서 북한 전쟁고아들 틈에 섞어서 보낸 것이었다. 북한은 이 사실이 외부에 알려질까 조심스러웠다. 그들 입장에서는 전쟁고아들의 유럽 이주가 일종의 특권층 자녀들의 해외 유학 수단이었던 셈이다.

북한 남자
조정호

전쟁고아들을 교육하고 관리하기 위해서 북한 당국은 십여 명의 북한 교사들을 아이들과 함께 동시에 파견했다. 루마니아 시레트에는 '조선 인민학교'라는 이름의 북한 전쟁고아들을 수용하는 기숙 학교가 설립되었다. 미르초유의 북한 남편 조정호는 당시 그 학교의 관리와 운영을 책임지는 교장이었다.

한편 19살 사범학교를 갓 졸업한 신입 교사 미르초유에게는 미술 교사 역할이 주어졌다. 세계 지도 위에 코리아라는 나라가 어디에 있는지조차 제대로 알지 못했지만, 미르초유는 전쟁으로 부모를 잃은 아이들을 자신의 아이들처럼 돌봐 주었다. 그리고 북한 아이들이 루마니아 생활에 차츰 적응하기 시작한 1953년 봄, 미르초유의 인생에 전환점이 찾아온다. 그 인연은 머르찌쇼르라는 루마니아 전통을 상징하는 작은 꽃바구니에서 시작되었다.

> **"봄을 축하하는 날, 루마니아 교사들이 모여서 밤 늦게까지 머르찌쇼르를 만들었습니다. 명주실을 잘 꼬아서 남자 인형과 여자 인형, 그리고 꽃바구니를 만들었죠. 그날 나는 피곤해서 일찍 자러 갔는데 다른 선생님들은 끝까지 밤을 새워서 만들었습니다. 다음 날 아침 다른 선생님들은 피곤해서 일어나지 못하고 있었습니다. 한 루마니아 동료 교사가 '미르초유, 너는 안 만들고 일찍 잤으니까, 네가 우리가 만든 것들을 북한 교사들에게 갖다 줘'라고 말했습니다. 그래서 북한 남자 교사들에게 가서 나눠줬습니다. 다들 좋아하면서 잘 받았습니다."**
>
> – 제오르제타 미르초유

루마니아 젊은이들에게 봄과 함께 찾아오는 머르찌쇼르 축제는 누군가에게 사랑을 고백할 수 있는 기회이기도 했다. 당시 루마니아 여성들에게 북한에서 온 남자 교사들은 호기심의 대상이었다. 왜냐하면 그들 대부분이 잘 생기고 체격 조건이 좋은 남성들이었기 때문이었다. 아마도 북한 당국은 동유럽에 파견할 교사를 선발할 때 무엇보다 외모를 중시했던 것 같다. 폴란드, 불가리아, 체코, 헝가리 등지에서 발견된 사진을 봐도 북한 남자 교사들은 키가 크고 외모도 준수한 사람들이 많았다. 북한 교사들이 현지 여성들에게 많은 인기를 얻었던 것은 이런 이유였다.

"마지막 남은 머르찌쇼르를 들고서 조정호 교장에게 찾아갔습니다. 선물을 전달하자 그의 처음 질문이 '이거 누가 만들었습니까?' 라는 질문이었습니다. 누가 만들었는지는 몰라서, 그냥 친한 여자 교사 한 명의 이름을 댔더니, 갑자기 '그럼 안 받겠습니다'라고 하면서 정색을 하더군요. 저도 순간 당황해서 얼른 문을 열고 밖으로 나서려고 하는 순간에, '잠깐만 기다려라. 얘기 좀 하자'고 하더군요. 그때 교장실에는 벽에 큰 지도가 있었습니다. 유럽과 아시아의 국경을 표시한 경계선이 빨갛게 칠해져 있는 지도였습니다. 그지도를 보면서 조정호 씨가 '저기 국경선이 보입니까?'라고 물었습니다. 보인다고 대답을 했습니다. 그러자 갑자기 조정호 씨가 저에게 이렇게 말을 했습니다. '지도에는 국경선이 있지만 우리들의 우정에는 저런 경계선이 없습니다.'라고 말이죠."

- 제오르제타 미르초유

'우정에는 경계선이 없습니다'라는 조정호의 한 마디 말에 미르초유의 마음이 움직였다. 머르찌쇼르가 인연이 되어 이야기를 나눴던 날로부터 일주일이 지난 뒤, 교사들을 위한 댄스 교실이 열렸다. 왈츠와 탱고를 배우는 수업이었다. 남자와 여자가 짝을 지어서 춤을 추는 순서가 기다리고 있었다.

"그동안은 혼자서 스탭을 연습했는데, 그 주에는 짝을 지어서 추는 시간이 있었습니다. 그날 조정호 교장 선생님이 같이 왈츠를 추

자면서 손을 내밀었습니다.

서툴러서 그의 발을 밟기도 했지만 나에게는 즐겁고 애틋한 순간

들이었습니다. 그때 댄스 파트너가 바로 나의 남편인 조정호 씨였

습니다."

– 제오르제타 미르초유

시간이 지날수록 미르초유는 아시아 동쪽 끝에서 온 조정호에게

마음이 끌렸다. 사랑의 감정이 싹튼 것은 북한 남자 조정호도 마찬가지

였다. 미르초유에게 조정호는 성실하고 책임감 넘치는 남자, 늘 자상하

고 남을 배려할 줄 아는 남자였다.

"항상 나의 의견을 물어봤습니다. '당신은 어떤 생각을 갖고 있습

니까?' '어떻게 생각하세요?'라고 항상 물어봤죠."

"저는 그런 조정호 씨를 참 많이 존경했습니다.

이런 일이 생겨서 너무 안타깝지만…"

- 제오르제타 미르초유

미르초유의 남편 조정호는 북한에서 온 아이들을 가르치는 학교의 교장이자 교사들을 관리하는 감독관 역할을 했다. 그리고 학교의 행정적인 일들도 도맡아서 하는 책임감 있고 부지런한 성격의 소유자였다. 아이들을 위해서 수영장도 만들고 아이들에게 먹일 김치를 만들기 위해서 채소밭을 가꾸기도 했다. 무엇이든 학생들을 위해서 자급자족하려고 노력했다. 그렇게 조정호는 아이들을 위해서 최선을 다했다. 덕분에 북한 교사들 뿐만 아니라 루마니아 교사와 직원들로부터 존경을 받았다. 모든 일을 남에게 미루지 않고 솔선수범하는 성실한 사람이었다.

연애 스캔들
사건

1953년 7월 27일, 3년 동안 끌었던 한국전쟁이 끝이 났다. 남과 북, 유엔군과 중공군은 각기 정전 협정에 서명을 했다. 이제 한반도에서 총성이 멈춘 것이다. 한국전쟁이 끝났다는 소식은 유럽 땅 곳곳에도 전해졌다. 그동안 전쟁으로 인해 느껴야 했던 북한 아이들과 교사들도 심리적 압박감에서 벗어났다. 이 시기부터 유럽인들과 북한인들 사이에 연애 스캔들 사건이 발생하기 시작한다.

당시는 외국인과의 연애나 결혼이 불법으로 간주되던 시기였다. 심지어 외국인과 교제를 하면 간첩행위로 오해를 받을 수도 있었다. 그런 위험을 감수하면서까지 외국인과 연애를 하는 사람들은 많지 않았다. 진실로 두 사람이 사랑의 감정을 느끼는 경우가 아니라면 말이다.

"1950년대 당시 폴란드 여성이 미국이나 서독, 영국 국민과 결혼하려 한다면 많은 어려움이 따랐습니다. 폴란드 정부가 여권도 내주지 않았습니다. 출국도 허가해주지 않았습니다. 당연히 많은 문제가 뒤따랐지만 1950년대 최소한 폴란드 여성이 체코슬로바키아, 동독 국민 등 공산주의 국가의 국민과 결혼을 하고 싶다면 그것은 큰 문제가 되지 않았습니다. 폴란드에서의 상황은 북한보다 훨씬 나았다고 말할 수 있습니다."

- 욜란타 크리소바타, 폴란드 다큐멘터리 감독

그런 상황은 루마니아 젊은 교사 미르초유와 북한인 교사 조정호의 경우에도 마찬가지였다. 두 사람은 은밀히 키워왔던 사랑의 감정을 고백하고 결혼을 위해 북한과 루마니아 당국에 공식적인 혼인 허락을 요청하는 작업에 착수한다.

"어느 날 조정호 씨가 사전을 하나 주더군요. 북한어-러시아어 사전이었는데, 편지를 하나 줄 테니까, 번역을 해서 부모님께 보여드리고 부모님의 결혼 허락을 받으라고 하더군요. 속으로는 '상황이 어려운데 지금 결혼할 수 있을까', 하고 의구심이 들었습니다. 당시엔 민족대의원회에서 결혼 허락도 받아야 했습니다. 하지만 그런 말은 못하고 그냥 '알았다'고 하고 조정호 씨가 준 편지를 갖고 집으로 돌아왔습니다."

- 제오르제타 미르초유

루마니아 여인 미르초유와 북한 교사 조정호의 연애 시절, 1955년.

조정호가 준 편지 안에는 부모님께 결혼을 허락해달라는 내용이 포함되어 있었다. 조정호가 루마니아어를 잘 못했기 때문에 편지는 러시아어로 쓰여 있었다. 대신 미르초유가 러시아어를 할 줄 알았기 때문에 두 사람의 대화는 주로 러시아어를 통해서 이뤄졌다. 그날부터 미르초유는 조정호가 건넨 러시아어로 쓰여진 편지를 루마니아어로 번역하기 시작했다. 편지와 사전을 번갈아가면서 번역을 하고 있는데 우연히 그녀의 어머니가 미르초유의 모습을 보았다. 어머니는 미르초유에게 다가와서 어렵게 말을 꺼냈다.

"'너 혹시 북한 친구가 생겼니?'라고 물어보았습니다. 그리고 나서

어머니가 '북한 친구는 안 돼'라고 말씀하셨어요. 결혼 이야기는 아예 꺼내지도 못했습니다. 어머니는 계속해서 이렇게 말씀하셨습니다. '그 친구가 북한으로 떠나면 너는 혼자가 되고, 분명히 네가 마음의 상처를 받게 된다',라고요. 처음부터 싹을 자르신 거였어요. 그래서 편지를 번역했지만 부모님께 결혼 이야기를 꺼내지도 못하고 편지도 드리지도 못한 채 시레트의 학교로 돌아왔습니다."

- 제오르제타 미르초유

하지만 북한 남자 조정호는 포기를 모르는 남자였다. 그건 미르초유 역시 마찬가지였다. 1954년 미르초유는 북한인 남편 조정호와의 결혼을 허락해달라는 문서를 작성해서 루마니아 민족대위원회에 제출했다. 조정호 역시 북한 당국에 두 사람의 혼인 승낙을 요청하는 문서를 제출했다. 자유롭게 남녀가 만나 사랑을 나누고 결혼을 하기 위해서 당시로서는 같은 공산주의 체제 사이에도 많은 어려움이 존재했던 것이다.

1954년 봄, 갑작스럽게 조정호가 폐렴 증세를 심하게 앓기 시작했다. 결국 조정호는 시레트에서 수도 부쿠레슈티에 있는 종합병원으로 이송되어 6개월 동안 폐렴 검사와 치료를 받는다. 1957년 1월, 신년을 맞이해서 북한 대사관에서 연회가 마련되었다. 조정호와 미르초유에게도 초청장이 도착했다. 그리고 드디어 두 사람의 결혼이 공식적으로 허락되었다는 소식을 대사관 직원을 통해 듣게 되었다. 비밀리에 추진했던 두 사람의 연애가 4년 만에 결실을 맺는 순간이었다.

"1957년 1월 북한 대사관에서 북한 학생들과 조정호 씨를 초청했습니다. 그곳에서 대사관 직원이 조선민주주의인민공화국에서 온 좋은 소식 하나가 있다고 발표를 했습니다.
바로 조정호와 미르초유의 결혼 신청이 두 나라에서 공식적으로 허락되었다는 소식이었습니다. 드디어 내가 북한 남자의 아내가 된다는 사실이 믿어지지 않았습니다."

- 제오르제타 미르초유

누구에게나 인생에서 아름다운 시절이 있다. 돌이켜 보면 미르초유와 조정호의 인생에서 가장 순수하고 아름다웠던 시절은 둘만의 사랑을 키워왔던 그 시절이 아니었나 싶다. 루마니아와 조선민주주의인민공화국이 인정했던 첫 번째 국제 결혼 커플, 하지만 그들의 달콤했던 신혼 생활은 그리 오래가지 못했다.

유럽에는 자유화 바람이 불기 시작했다. 1956년 헝가리 혁명을 시작으로 폴란드, 체코, 동독 등지에서는 소비에트의 지배에 항거하는 움직임들이 일어나기 시작했다. 북한 당국은 동유럽에 머물고 있던 모든 북한 전쟁고아들과 유학생들에게 귀국을 명령하는 지령을 각국 대사관에 하달했다. 루마니아에서 신혼의 단꿈에 빠져 있던 미르초유에게도 변화는 불가피했다. 역사의 수레바퀴가 다시 서서히 돌기 시작했다. 미르초유는 남편과 루마니아에서 살기를 원했다. 하지만 남편 조정호의 나라 북한은 개인이 자신의 운명을 마음대로 결정할 수 있는 나라가 아니었다. 북한 전쟁고아들의 송환 명령은 곧 남편에 대한 명령이기도 했다. 만약 남편이 북한으로 돌아간다면, 그건 자신도 남편과 함께 북한으로 들어가야 한다는 것을 의미하는 것이었다.

낯선
평양 생활

2019년 2월, 봄이 오기엔 아직 추운 날씨였다. 겨우내 내린 눈들이 아직 녹지 않았는지 도로 곳곳이 빙판길처럼 미끄러웠다. 팔순의 미르초유가 모처럼 외출을 준비하고 있었다. 그녀가 찾아가려고 하는 곳은 루마니아 주재 북한 대사관, 그곳은 60여 년 전 북한 남편 조정호와의 합법적 결혼을 위해서 혼인신고서를 제출하러 갔던 곳이었다. 그리고 1959년 북한 입국 비자를 받기 위해 남편과 함께 다정하게 손을 잡고 왔던 곳이기도 했다.

　　이제 그녀의 손을 잡아줄 남편은 곁에 없지만 여전히 그녀는 부쿠레슈티 북한 대사관에 문을 두드리고 있다. 남편의 생사 확인이라도 제대로 해달라며 애절한 호소를 계속하고 있다. 1962년 평양에서 강제 출국을 당한 뒤 남편이 실종되었다는 소식에 어린 딸아이를 가슴에 안고 헐레벌떡 숨이 턱까지 차오를 정도로 단숨에 달려왔던 곳. 세월은 흘렀지만 북한 대사관 앞에 게양된 붉은 인공기는 여전히 그날처럼 파란 하늘 아래에서 펄럭이고 있었다.

1957년 4월 20일, 그날은 미르초유 인생에서 가장 행복하고 뜻깊은 날로 기억된다. 북한인 남자 조정호와 루마니아 여성 미르초유가 양쪽 정부의 허가를 받아 공식적으로 결혼식을 올린 날이기 때문이다. 그리고 2년 뒤인 1959년 9월, 두 사람은 북한 수도 평양에 첫 발을 내딛는다. 1952년 처음 조정호를 만나 7년 동안의 숨죽이며 키워온 사랑이 결실을 맺고 평양에 신혼살림을 꾸리게 되기까지 수많은 힘든 시간들이 있었다. 하지만 남편과 함께라면 그녀는 어디서든지 행복할 자신이 있었다. 미르초유 씨는 평양에 도착했던 순간을 이렇게 기억하고 있었다.

"북한 평양에 도착했을 때 조정호 씨 삼촌 가족들이 모두 마중을 나왔습니다. 삼촌이 루마니아 여성을 만나면 손등에 키스하는 것을 어떻게 아셨는지 내 손에 키스를 했습니다. 그때 너무 놀랐습니다. 북한 사람이 손에 키스를 해줄 줄은 생각도 못 했거든요. 일종의 나에 대한 존중이 아니었나 싶어요. 그 순간은 정말 감동이었습니다. 우리가 살았던 아파트는 상급 직원들이 사용하는 인민위원회에서 운영하는 곳이었습니다. 모란봉공원이 있고 대동강이 있는 강가에서 멀지 않은 곳에 삼촌 가족들도 살고 있었습니다."

– 제오르제타 미르초유

1959년 미르초유 씨가 평양 생활을 막 시작했던 시기 남편 조정호의 친척들과 함께 찍은 기념 사진

북한에 도착하자마자 조정호는 일이 많아졌다. 귀국 직후 그는 교육부 고위 관료로 일을 시작했다. 루마니아에 있었던 3천 명의 북한 전쟁고아들을 무사히 이끌고 귀국한 것을 당에서는 높게 평가하는 분위기였다. 미르초유는 대학교에 들어가서 북한말과 프랑스어를 공부하기 시작했다. 낯설지만 행복한 생활이었다. 외국인 아내를 둔 조정호는 바쁜 와중에도 미르초유를 위해서 많은 시간을 할애했다. 같이 대동강을 산책하기도 하면서 신혼의 단꿈을 이어갔다.

"우리 집은 평양역에서 가까워서, 공대 연구소, 오페라 하우스, 외국인들을 위한 호텔도 있었던 아파트 1층에서 살았습니다. 생각해 보면 당시 북한 사람들의 생활 수준에 비하면 꽤 괜찮은 숙소를

제공받았던 것 같아요."

— 제오르제타 미르초유

혼돈의
시기

미르초유와 조정호가 평양으로 이주했던 1959년은 공교롭게도 북한 전쟁고아들의 송환을 비롯해서 굵직굵직한 역사적 사건들과 맞물리는 시기였다. 유럽에서는 1956년 이후 계속되는 동유럽 반소비에트 자유화 운동에서 영향을 받은 동유럽 북한 유학생들의 망명 사건들이 계속해서 일어나던 시기였다. 북한 내부에서는 김일성을 권력에서 몰아내기 위한 정치적 쿠데타와 이를 저지하려는 김일성 일파의 반격이 종파투쟁이라는 이름으로 진행되던 때였다. 김일성은 1959년부터 모든 외부로 향한 문을 잠그고 내부 단속에 들어갔다. 이어서 북한 내부에서는 김일성 우상화에 기초한 주체사상 확립기로 접어드는 시기이기도 했다. 거대한 역사의 소용돌이 속에 평범한 두 사람의 인생이 휩쓸려 들어가기 시작했다.

자주를 강조하면서 소련과 중국으로부터 벗어나려는 북한의 독자 노선은 결국 고립으로 이어졌다. 이것은 북한 경제를 더욱 어렵게 했다. 제일 먼저 눈에 띄게 변한 것은 식량 부족이었다. 주민들에게 배급되던 식량이 줄어들기 시작했다. 평양에 살고 있던 미르초유 씨에게도 예외는 없었다.

"배급증이 있어서 하루 남자 5백 그램, 여자 3백 그램의 쌀을 배급 받았습니다. 한 달에 한 번 고기 배급이 나왔는데, 한 사람 분밖에 안 되는 반 킬로그램 정도가 나왔습니다. 그것도 특별한 사람들에게만 제공되는 것이어서 시장에서 구할 수 있는 것들이 아니었습니다. 보통 사람들은 일년에 세 번 정도만 고기를 구경할 수 있었습니다. 내가 기억하기로는 노동절인 5월 1일, 광복절인 8월 15일, 그리고 신년인 1월 1일, 이렇게 세 번만 고기를 먹었습니다."

– 제오르제타 미르초유

경제가 어려워지면서 평양의 분위기가 점점 험악해져 갔다. 먹을 것이 부족해지고 외국인들을 보면 경계심을 보이기 시작했다. 불과 1년 만에 상황이 갑작스럽게 변했다. 루마니아에서 온 미르초유에게도 뭔가 심상치 않은 상황들이 감지되기 시작했다. 친절하게 손등에 키스를 해주던 삼촌을 비롯해서 이웃들 그리고 대학교에서 만났던 동료들까지 모두 이상한 경계의 눈빛으로 그녀를 바라보기 시작했다.

"삶이 힘들었습니다. 동료들이 당신은 왜 루마니아에서 살지 않고 북한에서 살고 있느냐고 따졌습니다. 먹는 것이 너무 부실해서 밤을 으깨서 우유랑 섞어서 만든 밤죽 같은 것을 매일 먹어야 했습니다. 국가 전선 요원으로 발탁된 사람들은 대학생이나 일반인인데도 불구하고 씨뿌리는 계절이 되면 밭에 나가서 일을 해야 했습니다. 땅을 고르게 일구는 작업이었습니다. 한 사람은 배낭을 메고 뒤에 있는 사람이 땅에 있는 돌멩이를 주워서 담는 일을 했습니다. 누군가 와서 나에게 '거기서 일을 하라'고 했습니다. 그런데 나는 '북한 시민권이 있는 것도 아니고, 그렇게 일을 하고 싶지 않다'라고 했습니다. 그 정도로 열악한 상황이었습니다."

- 제오르제타 미르초유

평양 생활은 점점 험악해져갔다. 그리고 그런 악조건 속에서 미르초유는 임신을 했다. 당시 북한 경제 상황은 최악이었다. 먹을 것이 부족했고 아이를 낳고 키울 수 있는 환경이 아니었다. 아이가 태어난 뒤에 갓난아이에게 입힐 옷은 고사하고 천 조각 하나도 제대로 구할 수 없었다. 아이를 출산하기엔 당

미르초유와 딸 조미란, 1961년.

시 북한의 상황이 너무 열악했다. 미르초유는 아이를 낳고 요양을 하기 위해서 몇 달 간 일정으로 루마니아 부쿠레슈티로 돌아와야 했다.

1960년 12월 22일은 북한 남자 조정호와 루마니아 여자 미르초유 사이에서 딸 조미란이 세상에 태어난 날이다. 딸 아이 이름은 아버지인 조정호 씨가 직접 지었다. 조선과 루마니아를 잇는 아름다운 가교 역할을 하라는 뜻에서 이름을 '미란'이라고 지었다. 미르초유는 임시교사 자격으로 잠시 동안 부쿠레슈티로 돌아와 생활했다. 하지만 남편과 헤어져 살아갈 수는 없었다. 그녀가 돌아갈 곳은 남편이 있는 평양이었다. 미르초유는 딸을 가슴에 안고 여권 사진을 찍었다. 루마니아 주재 북한 대사관에 가서 북한 방문을 위한 비자도 신청했다. 그리고 몇 달 후인 1961년 초, 봄이 시작되지도 않은 추운 겨울날, 생후 한 살도 되지 않은 딸을 가슴에 품고 다시 평양행 열차에 올랐다.

외국인
배척운동

1961년 북한의 상황은 그녀가 처음 왔을 때와는 비교도 할 수 없이 열악해졌다. 가장 먼저 제약을 받은 사람들은 외국인들이었다. 북한은 모든 인민이 평등하다고 주장하지만, 실제로 매우 차별적인 계급사회다. 항일혁명 당시 활동했던 백두혈통이나 한국전쟁 당시 종군했던 낙동강 혈통만이 모든 특권을 누리며 살고 있다. 이런 혈통이나 피의 순수성을 강조하는 북한만의 고유한 문화적 전통이 생겨난 시기가 바로 1960년대 초반이었다. 이때부터 외국인과 결혼한 부부들을 강제로 이혼 시키거나 멀리 떨어뜨려 놓는 일들이 일어났다. 가장 손쉬운 방법은 북한인 남편을 멀리 지방으로 발령하는 것이었다. 미르초유의 남편 조정호도 예외가 될 수는 없었다.

"평양에는 외국인에 대한 배려가 사라졌고 국가 정당 요원들이 아닌 사람들은 평양에 있을 수조차 없었습니다. 조정호는 정당 요원이었지만 여러 가지 정세 변화 때문에 지방으로 교사 발령이 났습니다. 평양에 비해서 지방은 환경이 열악했습니다. 심지어 '자기가 기거할 곳이 없어서 교무실 책상에서 잤다'고 하더군요. 겨우 얻은 하숙집도 열악하긴 마찬가지였습니다. 어느 날에는 자기가 있어야 할 침대에 다른 여자가 누워 있는 일도 있었다고 합니다. 분위기도 이상하고 여러 가지로 안타까운 1961년이었습니다."

- 제오르제타 미르초유

외국인에 대한 감시와 차별을 중심으로 하는 외국인 배척 운동이 곳곳에서 일어났다. 심지어 외교 공관에 대한 도청이나 위협 행위들이 일어나기 시작했다. 주체사상 확립기에 들어선 북한에서 외국인들에 대한 배척운동이 동시에 일어났다는 것은 매우 흥미로운 부분이다. 아무 죄 없는 외국인들이 범죄인처럼 취급 받았다. 동유럽에 남아 있던 모든 북한 전쟁고아들의 송환 작업 역시 이 시기에 완료되었다.

미르초유 씨에게도 뒤숭숭한 날들이 계속되었다. 엎친 데 덮친 격으로 딸 미란이 병에 걸리는 일까지 생겼다. 갑작스럽게 딸 아이가 입에서 피를 토하기 시작한 것이다. 서둘러 병원에 갔지만 원인을 알 수는 없었다. 나중에 알게 된 사실이지만 당시 먹을 것이 부족했던 상황에서 어린 아이에게 영양 공급이 제대로 되지 않아 생긴 병이었다. 하지만 그걸 북한에서 치료할 수 있는 방법은 없었다.

"더 이상 북한에 남아 있을 수가 없었습니다. 왜냐하면 조정호 씨가 다른 도시로 떠났고, 나 혼자서 아이를 데리고 평양에서 살아야 했기 때문입니다. 생활비조차 어디에서 지원해주지 않았습니다. 아파트 임대비도 내고 생활비도 필요했는데 아무런 재정 지원이 없었습니다. 말 그대로 힘겹게 하루하루를 버텨야만 했습니다."

- 제오르제타 미르초유

추방과
강제 이별

미르초유와 조정호의 비밀 연애와 결혼, 그리고 힘들었던 평양 생활과 강제 추방, 생이별까지의 과정은 거대한 역사의 드라마 한 편을 보는 듯하다. 전쟁과 파괴, 죽음과 생존이라는 절박한 상황 속에서 사랑에 모든 것을 걸었던 미르초유의 삶은 결국 그렇게 한국 현대사를 관통하고 있었다. 한 개인의 삶에서 이토록 수많은 역사적 사건들이 교차한 경우도 그리 많지 않을 것이다. 폐쇄적인 길로 접어들기 시작한 북한의 변화는 미르초유와 조정호의 평범하고 평화로운 삶을 산산이 갈라놓았다.

"북한 남편과 결혼한 외국 여자들을 색안경을 끼고 보기 시작했습니다. 정숙한 여인이 아닌 것처럼 생각하기도 했습니다. 단지 외국인이라는 이유만으로 차별 받고 감시 대상이 되어야 했습니다.

전쟁고아들을 데리고 온 조정호를 만나 북한을 도와줄 때만 해도 나는 루마니아와 북한은 다른 나라가 아니라 한 형제라고 생각했습니다. 그런데 북한 사람들은 루마니아에서 온 나를 그렇게 생각하지 않는 것 같았습니다. 주체사상이 사람들의 생각을 그렇게 바꿔 놓은 것이라고 생각합니다."

– 제오르제타 미르초유

소련, 중국과 유지되던 외교 관계가 멀어지면서 기초 생활 물자들이 부족해졌다. 그로 인해서 많은 사람들이 천막에서 자면서 노동일을 해야 했다. 미르초유 씨는 외국인이라는 이유로 강제 노동 현장에 동원되는 일은 없었지만 북한인 조정호는 상황이 달랐다. 교육부 고위 관리였던 조정호에게는 결정적인 결함이 있었다. 바로 외국인 아내와 결혼했다는 사실이었다.

그가 어느 날 갑자기 지방으로 발령을 받아야 했던 이유도 여기에 있다. 조정호 씨는 교사에서 갑작스럽게 탄광 노동자로 신분이 하락했다. 외국인과 결혼했다는 사실 자체가 조정호에게는 결격사유에 해당되었다. 외국인 배척운동이 벌어지고 있던 1960년대 초반 조정호는 북한 사회로부터 철저하게 외면당했다. 결국 남편이 지방으로 내려가면서 미르초유는 평양에 남아 홀로 딸 아이를 키워야 했다. 그녀의 삶은 굶주림과 공포의 연속이었다.

당시 북한은 김일성을 권력에서 몰아내기 위한 친소 친중파 쿠데타가 실패한 이후의 시기였다. 외국 사상에 경도되었거나 외국에서 온 사람들은 무조건 감시의 대상이 되었다. 외국인과 결혼한 커플들이 강제로 이별을 하기 시작한 시기와도 겹친다. 거리 곳곳에서는 김일성을 칭송하거나 자주노선을 강조하는 현수막과 그림들이 내걸렸다. 그렇게 외국인 배척운동과 주체사상은 동시에 일어났다.

외교적으로는 소련과 중국으로부터 벗어나려는 자주적인 외교 노선이 시행에 옮겨졌다. 이런 외교 노선은 자연스럽게 유럽 공산당과도 거리를 두게 만들었다. 특히 반소비에트 자유화를 내건 헝가리 혁명과 폴란드에서의 봉기는 북한 김일성에게 위협적이었다. 주민들의 사상 통제가 이 시기에 강화된 것도 그런 이유였다. 1962년이 되면서 동유럽 다섯 나라에 머물고 있던 유학생, 파견된 기술 연수생들도 모두 철수를 했다. 말 그대로 거대한 장막이 북한 사회를 둘러싸기 시작한 것이다. 이런 분위기 속에서 미르초유처럼 생김새가 다른 외국인들은 더 이상 평양에서 살아갈 수 없었다.

"길거리를 다니면 외국인을 보고 얼굴 찡그리는 사람들이 많았습니다. 남편과 만나기 위해 기차표를 사야했는데 돈이 부족해서 겨울 외투를 전당포에 맡겨야 했습니다. 전당포에서는 신원 확인을 한다면서 손가락으로 지문을 찍었습니다. 지문 같은 것은 찍어 본 적이 없기 때문에 기분이 매우 안 좋았습니다. 처음 입국했을 때와는 상황이 바뀌어서 1960년대는 벌써 분위기가 달라져 있었습니다. 1959년도에 우리들을 배려해주고 존경하고 아껴주던 분위기는 사라져버렸습니다."

- 제오르제타 미르초유

쌀을 비롯해서 식료품들은 일괄적으로 배급제가 시행되고 있었는데, 그마저도 정상적으로 배급이 이뤄지지 않았다. 외국인들에 대한 배려는 사라지고 노동당에 소속되지 못한 사람들은 평양을 떠나야 했다. 미르초유는 결정을 내려야 했다. 계속 남편과 함께 북한 땅에 머무를 것인가? 아니면 병에 걸린 딸을 치료하기 위해 북한을 떠나야 할 것인가?

남편 조정호는 현실적인 사람이었다. 그는 딸 아이의 병을 고치는 것이 무엇보다 급선무라고 생각했다. 경제난과 외국인 차별이 심해지고 있는 불안한 북한에서 아내 혼자서 어린 딸을 데리고 살아가는 것이 쉽지 않을 것이라고 판단했다. 드디어 미르초유와 조정호는 북한을 떠나기로 결정했다. 그때만 해도 특별히 문제가 있을 것이란 생각은 하지 않았다. 어차피 두 사람은 합법적으로 인정받은 부부이며 딸까지 있는 명백한 가족이었다.

아픈 딸의 병을 치료하기 위해 조정호는 북한 당국에 출국 신청서를 제출했다. 하지만 북한 당국은 조정호의 출국을 허락하지 않았다. '당에서 필요한 사람'이라는 것이 이유였다. 고민 끝에 미르초유와 조정호는 잠시 동안 딸 아이의 병을 치료하기 위해 떨어져 있기로 결정했다. 북한 당국의 승인이 없이는 해외로 출국할 수도 없는 상황이었기 때문에 그들로서는 별다른 도리가 없었다. 조정호는 헤어지는 것이 못마땅한 미르초유를 달래며 이렇게 말했다.

"미란이가 완쾌되는 대로 당신을 다시 북한으로 초청하도록 하겠소. 만약 상황이 어려우면 내가 루마니아로 넘어가면 될 테니 걱정

하지 마시요."

- 조정호

"남편에게 루마니아로 돌아가서 살자고 말한 적도 많습니다. 그럴 때마다 남편 조정호의 대답은 늘 한결같았습니다. '나라가 나를 이곳에 보냈는데, 국가를 위해서 일을 하며 살아야 한다. 언젠가 좋은 때가 되면 같이 외국에 나가서 살아봅시다' 라고 말이죠. 지금 생각해 보면 남편은 자신이 북한을 떠날 수 없다는 사실을 그때 이미 알고 있었던 것 같아요. 그걸 알면서도 나를 설득하기 위해서 그렇게 말을 한 것이죠. 더 이상 외국인의 신분으로 딸과 함께 살아갈 수 없다는 것을 잘 알고 있었습니다. 우리만이라도 북한을 떠나서 안전한 삶을 살기를 바라고 있었던 것이죠. 나의 남편 조정호 씨는 그런 사람이었습니다."

- 제오르제타 미르초유

마지막
가족 사진

미르초유가 평양을 떠나기 며칠 전, 갑자기 남편 조정호는 아내에게 기념 사진을 찍자고 말했다. 미르초유는 조정호의 그런 모습에 놀랐다. 왜냐하면 그는 평소에 그런 말을 하지 않는 무뚝뚝한 남자였기 때문이다. 미르초유는 마지막 가족 사진을 찍던 날을 선명하게 기억하고 있었다.

봄날의 햇살이 따뜻하게 비치는 평양 거리를 미르초유와 조정호가 걸어갔다. 이제 막 걸음마를 시작한 세 살 된 딸 미란이의 손을 잡고 두 사람은 사진관으로 향했다. 그날 조정호는 특별히 양복에 넥타이까지 맨 단정한 정장 차림으로 집을 나섰다. 사진관까지 걸어가면서 조정호는 말이 없었다. 그날따라 표정이 더욱 어두워 보였다. 그리고 그렇게 세 사람은 카메라 앞에 자리를 잡고 앉았다. 미르초유는 그것이 그들의 마지막 기념 사진이 될 것이라고는 상상조차 하지 못했다.

1962년 4월 29일, 그날은 미르초유 씨에게는 영원히 잊지 못할 순간으로 기억되고 있다. 그날은 바로 미르초유가 딸을 안고 평양을 떠났던 날이기 때문이다. 남편은 아내와 딸을 위해 평양역까지 배웅을 했다. 조정호는 딸을 가슴에 꼬옥 안고 이마에 입을 맞췄다. 미란이는 영문도 모른 채 아빠에게 손을 흔들었다. 조정호는 미르초유의 손을 잡고 다정하게 포옹을 했다. 그것이 미르초유가 기억하고 있는 남편의 마지막 모습이었다.

"남편은 기차 안에까지 올라와서 자리를 잡아주었습니다. 그리고 우리 옆에 자리를 잡고 있는 한 남자에게 가족들을 잘 돌봐 달라고 부탁을 했습니다. 그 말을 듣는 순간 눈물이 나왔습니다. 눈물을 도저히 참을 수가 없을 정도였습니다. 북한과 중국의 국경을 넘을 때까지도 계속 울었습니다. 열차 칸에 타고 있던 사람들이 다가와서 달래 주더군요. 열차가 중국을 지날 때 어느 역에 잠시 정차를 했습니다. 다시 기차가 서서히 출발하려고 하는데 딸 미란이가 갑자기 일어나서 창밖을 향해 큰 소리로 외쳤습니다. '저기 아빠가 있어요. 왜 아빠는 기차를 타지 않는 거죠?' 승강장에 남편과 닮은 중국인이 서 있는 것을 아이가 본 것입니다. 아이 눈에는 그가 아빠처럼 보였던 것입니다."

- 제오르제타 미르초유

60여 년 전 평양의 기차역에서 남편과 헤어졌던 순간은 미르초유

조정호, 미르초유 그리고 딸 미란, 1962년 평양에서 찍은 그들의 마지막 가족 사진.

의 기억 속에 영원히 정지된 장면처럼 잊혀지지 않았다. 연기를 내뿜으며 기차가 움직이기 시작하자 기차를 향해서 손짓하던 남편의 모습은 점점 멀어져 갔다. 그날 조정호는 그 순간이 마지막이 될지도 모른다는 사실을 직감하고 있었다. 그것이 조정호가 마지막으로 가족사진을 찍으려 했던 이유였다. 이미 북한에서는 외국인 아내들이 추방되고 남편들은 알 수 없는 곳으로 보내진다는 흉흉한 소문이 들려왔다. 루마니아로 돌아온 미르초유는 어느 날 노동자가 되었다는 담담한 글이 적혀 있는 남편의 편지 한 통을 받았다.

"당신이 루마니아로 떠난 다음날 나는 신산으로 갔소. 나는 이제 지식인이 아니라 노동자가 됐소. 탄광에서 일해야 하는 노동자 계급이오. 하지만 슬프지 않소. 나에겐 당신과 딸 미란이가 있기 때문이오."

- 조정호의 편지

남편은 평양을 떠나 함경남도 신산이라는 곳으로 거처를 옮겨 새로운 직장으로 발령을 받았다. 평생 교사이자 관리자로서 살아왔던 조정호가 새롭게 발령받은 곳은 놀랍게도 학교가 아니라 탄광이었다. 북한 전쟁고아들을 데리고 루마니아에 갔던 교육자 조정호가 왜 갑자기 탄광으로 발령을 받게 되었는지 그 이유를 추측하는 것은 어렵지 않다. 비록 그는 노동당 간부였지만 그에게는 결정적인 약점이 있었다. 그것은 바로 외국인과 결혼을 한 존재라는 낙인이었다. 게다가 유럽에서 오랫동안 생활한 탓에 불순한 개인주의 사상이 주입되어 있을 것이란 의심까지 받았다. 국가와 당, 가족을 위해 평생을 살고자 했던 조정호의 꿈은 단지 아내가 외국인이라는 이유 하나 때문에 산산히 부서지고 있었다. 그것이 1960년대 초 북한의 모습이었다.

남편 조정호의 죽음

미르초유는 루마니아로 돌아온 다음부터 학교에 교사로 복직이 되었다. 평양에서의 힘들고 어려웠던 생활에 비하면 루마니아에서의 생활은 안락했다. 하지만 남편을 북한에 남겨 두고 왔다는 사실에 마음이 편할 날이 없었다. 그나마 한 가지 다행스러운 것은 몸이 아팠던 미란이가 완쾌되어 무럭무럭 잘 자랐다는 점이었다.

"루마니아에 돌아와서 미란이가 세 살이 되고, 애가 똑똑해서 유치원에서 똑 소리 나게 대답도 잘하고 귀엽게 잘 컸습니다. 기억나는 일은, 4살 때 북한 입국 비자를 얻기 위해서 부쿠레슈티에 있는 북한 대사관에 갔을 때였습니다. 미란이는 학교에서 사회 시간에 교육 받기를, '여기는 루마니아고 우리는 루마니아 사람'이라고 교육을 받았던 것 같습니다. 북한 대사관의 한 사무관이 미란에게 '너는 어느 나라 사람이냐'고 물었습니다. 그러자 미란이는 학교에서 배운 대로 '저는 루마니아 사람이죠'라고 대답했습니다. 그러자 북한 사무관이 '그래? 루마니아 사람이 왜 북한에 가려고 하지? 여기 루마니아에 있어야지'라고 말을 했습니다."

- 제오르제타 미르초유

결국 두 모녀의 북한 입국은 허락되지 않았다. 미르초유는 루마니아에 머물면서 남편과 편지로 서신을 이어갔다. 그리고 어떻게든 북한으로 다시 돌아가거나, 아니면 남편을 루마니아로 불러오려고 노력했다. 폐가 좋지 않아 결혼 전에 입원까지 했던 조정호가 탄광에서 노동자로 일을 하고 있다는 소식은 미르초유를 더욱 슬프게 만들었다.

이 시기부터 미르초유는 조정호를 루마니아로 빼내오기 위한 방법을 본격적으로 찾아나섰다. 하지만 조정호를 루마니아로 불러오기 위해서는 일단 북한 당국의 허락이 있어야 했다. 만일 북한 당국이 계속 조정호의 루마니아행을 방해할 경우 최후에는 북한을 탈출하는 방법도 시도해보려고 했다. 하지만 조정호는 그런 방법에 반대했다.

조정호는 자부심이 강한 지식인이었다. 사회주의자이자 조국에 대한 애국심이 강했던 조정호를 설득하는 것은 쉽지 않았다. 오직 언젠가 다시 가족이 재회를 할 수 있으리란 희망을 품고 그들은 계속 편지를 통해 연락을 주고받았다. 그러다 어느 날 미르초유 앞으로 낯선 이름의 편지가 한 통 도착한다. 편지에는 조정호가 실종되었다는 소식이 적혀

북한인 남편을 60년 넘게 기다리고 있는 루마니아 여인 제오르제타 미르초유.

있었다. 그녀에게는 하늘이 무너지는 것 같은 소식이었다.

"남편의 실종에 대한 정확한 상황을 파악하기 위해 루마니아 북한 대사관으로 달려갔습니다. 하지만 남편 조정호가 실종이 됐다는 단순한 얘기만 들어야 했습니다. '그게 무슨 소리냐?'고 물었더니, 한 달 있다가 다시 오라고 이야기를 했습니다. 그래서 한 달 후에 다시 갔더니, 이번에는 '남편이 죽었다'고 말을 했습니다. 그 말을 듣고 놀라서 실신할 정도였습니다. '그렇다면 나는 남편 유골이라도 찾겠다'고 요구했습니다. 하지만 북한 당국은 나의 입국을 허락하지 않았습니다. 북한이 왜 나의 입국을 반대하는지 그 이유를 나도 모르겠습니다. 도저히 참고만 있을 수 없었습니다. 그 이후에

제네바 인권 위원회에 가서 도움을 요청했습니다. 오스트레일리아 시드니, 싱가폴 등 여러 나라의 대사관 루트를 통해서 북한에 남편 생사 확인 요청을 했죠. 하지만 평양에서는 어떤 곳에도 회신을 주지 않았습니다."

– 제오르제타 미르초유

풀리지 않는
의문

도대체 평범한 삶을 살았던 루마니아 여성, 미르초유에게는 어떤 일이 벌어졌던 것일까? 그리고 북한인 남편인 조정호는 왜 갑자기 실종되었고, 60년이 지난 지금까지도 생사 확인조차 불가능한 상태에 있는 것일까? 우리는 사건을 좀 더 종합적으로 이해하기 위해서 평양과 서울 주재 루마니아 대사를 역임했던 이시도르 우리안 대사를 찾아갔다.

그는 2004년 미르초유를 처음 취재 할 때 만난 적이 있는 루마니아 전직 외교관이었다. 그 역시 15년이란 세월의 흔적을 피해갈 수는 없는 듯했다. 그는 얼마 전 뇌졸중으로 사경을 헤매다 간신히 목숨을 건졌다. 그것 때문에 거동이 불편하고 때로는 기억을 못하는 것들이 많았다. 몸을 가누기도 힘든 상황이었지만, 이시도르 우리안 대사는 취재 요청에 흔쾌히 응해주었다. 어쩌면 그것이 미르초유에 관해서 자신이 할

수 있는 마지막 증언이 될지도 모른다는 생각을 한 것 같다. 외교관이었던 그에게 '화이불류(和而不流)'는 인생의 좌우명이기도 했다. '조화를 추구하되 무리에 휩쓸리지 않는다'는 한 마디 말 속에는 외교관으로서 어느 한쪽에 휩쓸리지 않고 자국의 이익을 추구하겠다는 그의 철학이 담겨 있었다. 15년 전, 그는 미르초유와 조정호에 관해서 의미심장한 발언을 한 적이 있었다. 오늘 그를 만나러 온 것은 그때 했던 증언을 다시 확인하기 위해서였다.

그는 1990년대에 서울 주재 루마니아 대사를 역임하기도 했다. 그 이전에는 평양 주재 루마니아 대사였다. 서울과 평양 양쪽에서 생활한 경험이 있는 우리안 대사는 한반도 분단의 역사를 누구보다 잘 알고 있는 인물이었다. 뿐만 아니라 누구보다 조정호와 미르초유 부부 사이에서 벌어진 문제를 잘 알고 있는 인물이기도 했다. 그는 실제로 미르초유와 조정호 부부의 문제를 해결하기 위해서 다양한 경로를 통해 북한 외교부와 접촉을 시도하기도 했다. 1971년 루마니아 대통령 차우세스쿠가 평양의 김일성을 방문했을 때 우리안 대사는 공식적인 외교 루트를 통해 두 사람의 문제를 공식적으로 제기했다. 취재 과정에서 우리안 대사는 조정호에 얽힌 놀라운 사연 하나를 공개했다.

> "루마니아 정부는 공식적으로 조정호의 생사확인을 요청하였습니다. 양국 정부가 승인한 결혼이기 때문에 이혼을 위해서라도 공식적인 확인이 필요했던 것이죠. 북한 당국은 조정호의 생사에 대해서 계속 여러 번 다른 말을 했습니다. 어느 말을 믿어야 할지 알 수가 없었습니다. 이런 상황이 계속되던 중에 1971년 차우세스쿠가 북한을 공식 방문하였고 우리는 외교 루트를 통해 조정호의 생사확인을 정식으로 요청했습니다. 문제는 그 때 죽었다던 조정호 씨가 공식 석상에 모습을 드러냈다는 점입니다."
>
> – 이시도르 우리안 전 북한 대사

북한 당국이 조정호의 모습을 공개한 이유는 몇 가지가 있었다. 우선은 북한 김일성과 의형제를 맺을 정도로 가까웠던 루마니아 대통령 차우세스쿠의 심기를 건드리고 싶지 않았던 것 같다. 루마니아는 당시 북한과 외교관계를 유지하고 있는 나라들 중에서 가장 많은 지원과 원조를 제공한 나라였다. 1950년대 북한 전쟁고아들이 동유럽에 이주했을 때도 3,000명이라는 가장 많은 수의 아이들을 받아준 나라가 루마니아였다. 외교적인 공식 루트를 통해서 미르초유와 조정호의 관계를 정리하고 싶다는 루마니아 측의 요청을 김일성 입장에서도 쉽게 거절하기 어려웠을 것이다.

또 하나의 이유는 국제 인권단체를 통해 조정호의 신원 확인을 지속적으로 요청하고 있는 미르초유를 진정시키기 위한 목적이었다. 조정호가 건강하게 잘 살고 있다는 모습을 보여줌으로써 더 이상 미르초유로 하여금 조정호를 찾지 말라는 암묵적인 메시지를 전달하고 싶었던 것이다.

"어떤 때는 실종됐다. 어떤 때는 죽었다. 또 어떨 때는 당을 위해서 이 사람이 필요하다고 했습니다. 죽은 날짜도 바뀌고 모든 것이 당을 위해서 수시로 이야기가 바뀌는 것을 봤습니다.
그런 모습을 보면서 북한 정권을 더 이상 믿을 수가 없었습니다.
분명 남편에게 좋지 않은 일이 일어나고 있다는 것을 알게 되었습니다."
- 제오르제타 미르초유

그 뒤로도 미르초유는 남편 조정호를 찾아달라는 편지를 계속해서 보냈다. 함경남도에 있는 조정호의 고향, 친척, 형제들에게도 편지를 썼다. 하지만 특별히 조정호에 관한 새로운 소식은 들려오지 않았다. 시간은 계속 그렇게 흘러갔다. 루마니아에서 큰 지진이 일어났던 1977년, 미르초유가 썼던 편지들이 반송되어 되돌아오기 시작했다. 이전까지는 비록 답장은 없었지만 자신이 보낸 편지가 루마니아로 돌아온 적은 없었다. 편지가 되돌아왔다는 것은 그녀의 편지가 이제 더 이상 누군가에게 전달되지 않는다는 것을 의미했다. 절망의 시작이었다.

"마지막 편지를 받을 때는 남편 조정호가 탄광에서 일을 할 때였습니다. 탄광에서 일하는 사람은 자기 집에 3년에 한 번씩 집으로 왔는데, 옷도 갈아입고, 유일하게 돌아올 수 있는 집이 남편의 형 조영호 씨였습니다. 그는 공대 교수로 발령이 나서 함흥에 아파트를 얻어서 떠났다고 했습니다. 마지막 제가 조정호에게 편지를 보낼 수 있는 주소는 그곳이었습니다. 당시에 그의 어머니도 같이 살았다고 합니다. 우체부가 집집마다 편지를 배달해주는 게 아니라, 아파트 담당자가 중간에 편지를 모아서 집집마다 전달하는 시스템이었습니다. 이후에 편지가 제대로 전달되었는지는 모르겠습니다. 어쨌든 남편에게 보냈던 편지가 다시 돌아오는 것을 보면서 모든 희망이 한순간의 물거품이 되는 것 같았습니다. 절망스러운 순간이었습니다. 그때 나의 안타까운 심정을 누구에게 이야기를 할 수 있었겠어요. 일부러 그런 소식은 감춰야 했습니다. 남편에게 보낸 편지가 되돌아온다는 말은 가족들한테도 하지 못했습니다."

– 제오르제타 미르초유

남편을 기다리는
파란 눈의 여인들

정상적인 사회에서 사랑하는 가족을 강제로 떼어놓는다는 것은 상상도 할 수 없는 일이다. 외국인과 결혼을 했다고 해서 국가가 둘 사이를 강제로 이혼을 시키는 것은 더더욱 있을 수 없는 일이다. 하지만 1960년대 북한에서는 이 모든 것이 가능했다. 북한의 외국인 배척사상은 전통적인 순혈주의 사상과 연결되어 있다. 모든 전체주의 국가들이 갖고 있는 외국인 혐오사상과 유사하다. 나치 히틀러가 유대인들을 박해하면서 주장했던 아리안족 순혈주의와 북한이 주체사상을 강화하면서 외국인을 배척할 때 내걸었던 순혈주의 사상은 시기와 형태만 다를 뿐이지 근본은 같았다.

심지어 북한 당국은 외국인 부부가 외국에 나가서 사는 것도 허락하지 않았다. 출국 허가만 내주면 간단히 해결될 수 있는 문제였다. 하지만 1960년대 북한은 이미 세계로 열린 문을 닫고 있었다. 외국인 부부들이 외국으로 나가서 사는 것조차도 인정할 수 없었던 것이다. 대중의 사상을 통제하고 검열하는 자신들의 통치 방식을 그대로 유지하는 것이 최우선 과제였다. 그리고 그 목적은 오로지 하나로 향하고 있었다. 바로 모든 사람들이 김일성에게 충성하는 사회, 김일성 유일 사상 체계로 작동되는 사회를 만드는 것이었다.

바르샤바 대학에 한국어학과를 최초로 만들었던 오가렉 최도 북한 남편과 결혼해 평양에서 딸을 낳고 살다가 추방된 경우에 해당된다. 폴란드에서 살면서 오가렉 최는 끝까지 재혼을 하지 않고 북한 남편의 귀환을 애타게 기다렸다. 하지만 북으로부터 아무런 소식도 듣지 못한 채 생을 마감했다.

1980년 폴란드 대통령 야루젤스키가 북한을 공식 방문했을 때의 일화다. 폴란드 대사관에서는 북한 남편을 기다리고 있는 오가렉 최를 한국어 통역자로 대동하고 함께 방북을 하게 된다. 그녀에게 남편과 재회할 수 있는 기회를 주기 위한 특별한 조치였다. 폴란드 대통령 야루젤스키와 김일성의 공식 회담이 진행되는 행사장에 오가렉 최는 통역사로 자리를 함께 했다. 정상 회담이 끝나갈 즈음, 오가렉 최는 김일성에게 자신의 남편을 한 번만 만나게 해달라고 간청을 했다. 옆에는 폴란드 야루젤스키 대통령이 상황을 말 없이 지켜보고 있었다. 김일성은 그녀의 말을 묵묵히 듣기만 했다. 폴란드 대통령 공식 통역사로서 함께 한 자리였음에도 불구하고 그녀의 애절한 소원은 결국 받아들여지지 않았다.

당시 북한에서 강제 추방당한 외국인 여인들의 이야기를 종합해보면 북한은 여러 가지 방법을 동원해서 강제로 이별을 하게 만들었다. 남편을 다른 지역에 근무하게 하고, 강제 이혼에 동의하지 않을 경우에는 쌀 배급표를 지급하지 않았다. 생활에 지장을 받을 정도로 온갖 압력이 행사되었다. 그들은 거의 모두가 강제적으로 북한을 떠나야 했다. 그들이 어떤 이유에서 헤어져야 하는지, 왜 가족이 뿔뿔이 흩어져야만 하는지 어떤 변명이나 설명도 없었다.

단지 북한 남자를 만나 사랑했고 그들과 결혼한 것이 전부였다. 그들의 가슴 아픈 사랑 이야기를 들으며 마음이 아팠다. 과연 어느 나라, 어떤 체제가 가족의 만남을 가로막을 수 있단 말인가. 인간의 순수한 사랑보다 우선할 수 있는 것이 과연 이 세상에 존재할 수 있을까. 그런 점에서 1960년대라는 시간은 가장 순수하면서 가장 잔인한 시대였다. 현재까지 북한인 남편과의 재회를 기다리고 있는 유럽 여인들은 모두 10여 명 정도가 생존해 있다. 그들에게 한반도는 단순히 분단의 나라가 아니다. 그들에게 한반도는 사랑하는 가족을 찢어 놓았던 통한의 나라다.

"저는 북한을 용서하기가 정말 쉽지 않을 것 같습니다. 그들은 늘 개인보다는 국가를 우선시하는 교육을 시키고 있습니다. 예전에도 그랬고 지금도 마찬가지입니다. 첫 번째 목표는 국가, 두 번째 목표는 당을 위해서 살라고 말합니다. 맨 마지막이 가족입니다. 하지만 그들이 말하는 국가나 당은 오로지 김일성으로부터 이어지는 세습체제를 위한 복종을 의미할 뿐입니다. 그것 때문에 나의 남편도 희생이 되었고 나도 불행한 인생을 살게 되었다고 생각합니다. 그것이 내가 북한을 용서할 수 없는 이유입니다."

살아 있는 자를 위한 촛불

루마니아에서는 살아 있는 사람과 죽은 사람을 위해서 두 개의 촛불을 켠다. 60년 동안 북한인 남편을 기다리고 있는 제오르제타 미르초유. 그녀는 지금도 교회에 갈 때마다 남편을 위해 기도한다. 남편이 다시 가족의 품으로 돌아올 수 있기를 기원하며 촛불을 밝힌다. 그녀가 남편을 위해 촛불을 밝히는 자리는 '죽은 자'를 위한 제단이 아니다. 그녀가 조정호를 위해 밝히는 촛불은 '살아 있는 자'를 위한 제단이다.

그녀가 믿고 있는 루마니아 정교회에서는 죽은 뒤의 내세가 존재하지 않는다. 사후 세계가 천국과 지옥으로 분리되고 인간의 영혼이 죽은 뒤에도 지속적으로 존재한다는 기독교적인 믿음과는 다른 종교관이다. 그들에게 죽음 너머의 세계는 이성이 판단할 수 없는 세상이다. 지극히 세속적이면서 합리적이다. 따라서 죽은 다음에 영혼이 다시 재회

루마니아 정교회는 '살아 있는 자'와 '죽은 자'를 위해 두 개의 촛불을 밝힌다.
'살아 있는자'(왼쪽) '죽은자'(오른쪽)를 위해 기도하는 두 개의 제단.

하는 것도 불가능하다. 말할 수 없는 것에는 침묵을 지킨다는 종교적
교리가 삶을 지배하고 있다.

결국 루마니아 사람들의 내세에 대한 부정적인 믿음은 자연스럽게
현실주의적인 사고방식으로 발전해갔다. 미래나 내세보다 지금 당장 눈
앞의 현실에 주목하는 삶이다. 올해 86세인 미르초유 씨가 북한인 남
편 조정호와의 재회를 간절히 바라는 이유도 여기에 있다. 그녀가 믿고
있는 종교의 가르침에 따르면 남편 조정호와의 인연은 세속적인 현실에

서만 존재할 뿐이다. 어쩌면 그것이 미르초유 씨로 하여금 60년이 지난 지금까지도 남편을 찾는 일을 포기하지 않게 만드는 힘일 것이다.

15년 전에도 나는 루마니아 부쿠레슈티의 한 작은 교회 뒷마당에서 남편을 위해 촛불을 밝히는 장면을 화면 속에 담았다. 세월이 지났지만 여전히 그녀는 매주 한 번씩 북한인 남편이 가족의 품으로 돌아오기를 기원하며 촛불을 밝히고 있다. 만약 살아 있다면 남편 조정호의 나이는 94세가 되었다. 인간의 수명이 아무리 늘었다고 하지만, 북한처럼 의료 체계가 낙후된 사회에서 90세를 훌쩍 넘겨서까지 생존해 있을 확률은 매우 낮다. 게다가 남편은 젊었을 때부터 건강이 안 좋은 상태였다.

보통 사람들 같으면 이미 포기하고 새로운 인생을 살았을 테지만, 여전히 미르초유 씨는 남편에 대한 믿음을 버리지 않고 있다. 그녀는 남편을 위해 기도를 하며 촛불을 밝힌다. 남편이 무사히 가족의 품으로 돌아오기를 간절히 기도한다. 그녀가 남편을 위해 촛불을 밝히는 자리는 15년 전이나 지금이나 여전히 '산 자'를 위한 제단이었다. 그녀의 숭고한 사랑이 그저 놀라울 뿐이다.

언젠가 그녀에게 '조정호를 잊고 다른 남자를 만나볼 생각은 없었는가'라고 조심스럽게 물어본 적이 있었다. 질문을 듣고 나서 미르초유는 조용히 손가락에 끼고 있던 금반지 하나를 빼냈다. 아무런 보석이나 장식도 없는 그저 평범한 실반지였다. 1957년 결혼을 할 때 남편이 선물한 반지였다. 그때는 이런 금가락지 하나 구하는 것도 쉽지 않은 상황이었다. 미르초유는 남편이 선물한 결혼 반지를 한 번도 뺀 적이 없었다.

사실 반지를 빼는데 한참 동안 애를 먹었다. 신장병 때문에 손가락이 통통 부어서 반지가 쉽게 빠지지 않았다.

미르초유는 질문에 대한 대답 대신 자신의 손가락에서 빠져나온 반지를 나에게 건네며 안쪽에 새겨진 글씨를 보라고 말했다. 반지 안쪽에 희미하게 글씨가 새겨져 있는 게 보였다. 하지만 글씨가 너무 작아서 잘 보이지도 않았다. 그녀가 사전을 쓸 때 사용했던 돋보기를 빌려 반지 안쪽에 새겨진 글씨를 확인했다. 반지에는 이렇게 글씨가 새겨져 있었다.

'1957년, 정호'

남편은 정성껏 결혼 반지를 준비했다. 소박하지만 남편의 정성이 담겨 있는 반지였다. 전쟁 이후 루마니아는 경제 상황이 좋지 않아서 그런 반지 하나를 사는 것도 쉽지 않았다. 원래 결혼 반지는 부부가 같이 끼는 것이 정상이지만 그때는 두 개를 살 형편도 못 됐다. 그래서 미르초유는 '반지 같은 것은 필요 없다'고 남편에게 말했지만 조정호는 아내에게만이라도 결혼 반지를 끼워주고 싶었다. '1957년, 정호', 대신에 남편은 하나밖에 없는 반지에 자신의 사랑과 마음을 새겼다. 영원한 사랑의 약속이었다.

'1957년, 정호'라는 글씨가 안쪽에 새겨진 결혼 반지. 1957년 결혼했던 때부터 지금까지 미르초유는 언제나 반지를 끼고 있었다.

지지에게

미르초유는 남편의 결혼 반지를 빼지 않고 살았다. 요즘 같으면 보석이 박힌 결혼 반지를 주고 받는 게 보통이겠지만, 1957년 전쟁이 인연이 되어 만났던 두 사람은 아무것도 가진 것이 없었다. 그리 굵지도 않은 실반지를 바라보면서 마음이 숙연해졌다. 두 사람의 순수했던 사랑이 가슴으로 느껴졌다.

> "루마니아 여자는 이혼을 하지 않은 이상 결혼 반지를 빼지 않습니다. 죽어서도 반지를 끼고 있을 거예요. 남편이 죽어도 결혼 반지는 빼지 않습니다. 사랑하는 사람과 함께 할 때는 손가락에 반지가 그대로 남아 있습니다."
>
> – 제오르제타 미르초유

잠시 후 미르초유 씨가 앨범 사이에 있던 오래된 사진 한 장을 꺼내서 보여주었다. 사진 뒷면에는 남편 조정호가 미르초유와 힘겨웠던 비밀 연애 끝에 사랑을 확신하던 순간의 기쁨이 담긴 메시지가 색바랜 볼펜 자욱 그대로 남아 있었다.

'지지에게(미르초유를 부르는 남편 조정호의 애칭)

1953년 3월 1일~1955년 3월 1일

영광스러운 2년 간은 참으로 행복과 슬픔과 기쁨으로서 충만하였다. 그러나 우리는 투쟁에서 승리하였다. 우리들이 약속한 그 고상한 열매를 위하여 더욱 힘있게 전진하자! 가장 사랑하는 너의 건강을 위하여, 너의 기쁨을 위하여 이를 보낸다.

　　1955년 3월 1일 정호 씀'

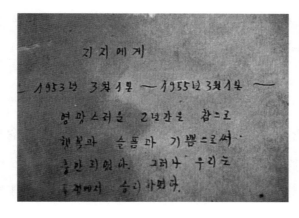

조정호가
미르초유에게
보낸 편지.

조정호의 글은 힘차고 강인한 사회주의적 사상을 지닌 북한 남자의 기질을 잘 보여주고 있다. 특히 편지를 썼을 당시 특정한 기간을 명시해서 시간에 대한 의미를 부여하는 조정호만의 편지 쓰는 방식이 독특했다. 남편 조정호는 늘 이런 식으로 편지를 썼다. 계획적이고 주도면밀하게 일을 처리하는 사람이었다.

평양에서 헤어질 때 남편은 36세, 미르초유는 28살이었다. 세월이 약이라고 하지만, 미르초유에게 세월은 기다림이었다. 그 길고 긴 이별의 시간들을 오로지 남편을 만날 수 있다는 희망 하나로 견뎠다. 어떤 시련을 겪을지 모르는 스물여덟 살 그때의 얼굴은 여리고 부드러웠지만, 이제 여든여섯을 넘긴 미르초유는 나이만큼 굴곡지고 슬픈 만큼 생기를 잃었다. 그녀의 검은 머리카락도 그렇게 하얗게 백발이 되었다.

"남편을 지금 당장 만난다 해도 알아볼 수 있어요. 그이의 검은 머리카락, 웃을 때의 미소가 아직도 선명하게 기억이 납니다. 딸 아이는 웃을 때 아빠를 닮았어요. 안타깝게도 남편은 딸 아이가 자신의 미소를 닮았다는 것을 모르고 평생을 살았을 테죠?"

– 제오르제타 미르초유

미르초유의 삶은 조정호로 시작해서 조정호로 끝이 나고 있다. 1950년대라는 격동의 시기, 먼 나라에서 온 이방인에 불과했던 북한 남자 조정호는 언제나 그녀의 인생에서 가장 큰 부분을 차지했다. 세월이 흐르면 언젠가 그녀도 세상을 등지게 될 테지만, 나는 그녀의 간절한 바람이 살아 생전에 꼭 이뤄지기를 기원한다. 혹시라도 그 바람이 이뤄지지 않는다고 해도 그걸 누군가는 계속 지켜 나가길 바란다. 그래서 먼 훗날에도 루마니아에서 북한인 남편을 간절히 기다리며 인생을 살다 간 한 여성이 있었다는 사실을 세상 모든 사람들이 기억할 수 있기를 바란다.

그녀의 삶은 숭고했으며 그녀의 기다림은 진실했다. 그녀의 아름다운 사랑 이야기가 세상에서 영원히 잊혀지지 않기를 바란다. 동유럽 다섯 나라를 취재하면서 많은 어려움이 있었지만, 그런 어려움 속에서도 이 다큐멘터리를 끝까지 포기하지 않을 수 있었던 힘은 미르초유처럼 가치로운 인생을 살고 있는 사람들 때문이었다. 그들의 숭고한 이야기를 세상에 알려야 한다는 열망이 나를 움직였다. 그들의 이야기를 지금 이렇게 한 권의 책으로 남기는 것도 그런 이유일 것이다.

꽃바구니,
곱습니다

2019년 2월 15일, 루마니아를 떠나기 전 나는 미르초유 씨를 마지막으로 한 번 더 만나고 싶었다. 그날 그녀가 1950년대 남편과 함께 자주 찾았다는 추억이 어려 있는 산책로를 촬영했다. 그 길에는 그녀의 많은 추억이 간직되어 있었다. 남편을 따라 혼인 신청서를 제출하러 갔던 길이고, 혼자서 루마니아로 돌아와서는 북한에 남겨진 남편 조정호를 찾게 해달라며 애타게 찾아갔던 길이기도 했다. 그녀의 굴곡진 인생에 새겨진 모든 사연들이 그 길과 함께 했다.

　　겨울이 끝나고 봄이 시작되려는지 그날 날씨는 화창하고 따뜻했다. 루마니아 사람들은 봄의 시작을 알리는 머르찌쇼르와 함께 하는 풍습이 있다. 사랑하는 사람에게 사랑을 고백하며 머르찌쇼르를 선물한다. 피와 생명을 상징하는 빨간색 실과 봄에 피는 첫 싹의 순수함을 상징하는 하얀색 실을 꼬아서 만드는 새봄의 장식물, 머르찌쇼르.

　60여 년 전 미르초유와 조정호의 인연도 그렇게 머르찌쇼르에서 시작되었다. '국경에는 경계선이 있지만, 우정에는 경계가 없습니다.' 그 날 남편이 꺼낸 그 한 마디 말은 미르초유의 마음을 움직였다. 그후로 더 이상 남편에게 머르찌쇼르를 선물한 적은 없었지만, 봄이 오고 머르찌쇼르가 부쿠레슈티 거리에 등장할 때마다 미르초유는 남편을 떠올렸다. 자신의 사랑처럼 순수하고 열정적이었던 머르찌쇼르의 추억을 그녀는 잊을 수 없었다. 그것은 자신과 조정호를 연결시켜주었던 사랑의 증표였다. 그렇게 1951년 남편에게 처음 머르찌쇼르를 선물한 시간으로부터 무려 70년 가까운 시간이 흘렀다는 게 그녀에게는 믿어지지 않는 일이었다.

　그녀를 돕고 있는 한국인 통역사 원유숙 씨가 촬영에 함께했다. 오래 전부터 그녀를 돕기 위해 애를 썼던 분이었다. 손에는 작은 머르찌쇼르도 하나 들려 있었다. 미르초유 씨에게 선물로 주기 위해서 갖고 온 것이었다. 빨간색 꽃으로 장식된 머르찌쇼르를 선물로 받자 미르초유 씨는 어린 아이처럼 환하게 웃었다. 그녀는 한국어로 이렇게 말했다.

"꽃바구니, 곱습니다."

　'곱습니다'라는 말에는 북한식 억양이 강하게 섞여 있었다. 그녀의 북한 사투리를 듣는 순간 2년 간 평양에서 살았다고 했던 말이 실감이 났다. 불쑥 튀어나온 한국어였지만 그 말을 듣자 그녀가 왠지 더 친숙하게 느껴졌다. 그녀는 웃으면서 오래 전 자신이 고등학생일 때 만났던 한 예언가 이야기를 들려주었다.

"고등학교 다닐 때 어떤 점성술사가 집에 찾아왔습니다. 우리는 다섯 형제가 있었는데, 점성술사가 내 얼굴을 보면 혹시나 나의 미래를 맞출까 봐 일부러 고개를 돌리고 있었습니다. 그러다 잠깐 동안 그 점성술사와 눈이 마주쳤죠. 그 사람이 내 얼굴을 보더니 '당신 생일이 8월 15일이죠'라고 말했습니다. 식구들이 다들 깜짝 놀랐습니다. 그의 말이 맞았거든요. 그리고 계속 이야기하기를 '당신은 다른 나라로 갈 것이고, 다른 나라 사람과 결혼할 것이고, 딸을 낳을 것이다'라고 이야기했습니다. 그 얘기를 듣고 가족들 모두가 웃었습니다. '네가 무슨 외국인과 결혼을 하냐?'라고 하면서 말이죠. 그런데 돌이켜 보면 그 예언가의 말이 하나도 틀리지 않았습니다. 나에게는 어떤 정해진 운명이 있었던 것 같습니다. 머르찌쇼르는 나에겐 운명적인 모티브였던 것이죠."

- 제오르제타 미르초유

그녀에게 '마지막 소원이 있다면 어떤 것인가',라고 질문을 던졌다. 그러자 그녀가 잠시 생각에 잠겼다가 말을 이었다.

"내 옆에 남편이 같이 있는 것이 나의 소원입니다. 언제나 나를 자기 아이처럼 사랑해줬거든요. 지금도 그 사람이 보고 싶습니다. 지금 바로 옆에 있었으면 좋겠습니다."

미르초유는 말을 이어가지 못했다. 끝내 눈물을 참지 못하고 울먹이기 시작했다. 지난 며칠 동안 인터뷰하는 내내 참아왔던 남편에 대한 그리움과 혼자서 딸을 키우며 받아야 했던 서러움들이 한꺼번에 터져 나왔다. 옆에서 그녀의 모습을 지켜 보면서 나 역시 많은 생각을 했다. 잠시 후, 손수건으로 눈물을 닦고 있는 그녀에게 다시 말을 건넸다. 문득 그녀에게 물어보고 싶은 말이 한 가지 떠올랐다.

혹시 남편과 한국말로 대화를 나눴던 적이 있습니까?
"네. 가끔 한국말로 이야기를 나눴습니다."
그때 남편께서 하신 말씀 중에 가장 기억 나는 것이 있으면 말씀 해주세요.

잠시 동안 미르초유가 생각에 잠겼다. 늘 하던 버릇대로 뭔가를 골똘히 생각하면 그녀는 자신의 손을 턱 밑으로 가져갔다. 그녀가 허공을 바라보더니 다시 카메라를 향해 고개를 돌리며 미소를 짓기 시작했다.

"떠올랐어요. 가장 인상에 남고 또 자주 사용했던 한국말이 하나 있습니다. 그 말을 할 때는 두 눈으로 저를 지긋이 바라보면서 말을 했죠. 저는 그 말이 한국말이라서 더 좋았어요. 말을 시작할 때는 언제나 나에게 이렇게 말했죠. '나의 사랑하는…' 이라고요. 지금 그 말이 떠오르네요. 남편이 했던 말 중에서 가장 인상에 남고 자주 사용했던 단어는 바로 '나의 사랑하는…'이란 말이었습니다.”

2020년 영화 '김일성의 아이들' 촬영을 위해서 루마니아를 방문했을 때 찍은 기념 사진. 미르초유와 그녀를 돕고 있는 한국인 자원봉사자 원유숙 씨.

아버지,
힘내세요!

미르초유에 관한 이야기를 마무리하면서 빠뜨릴 수 없는 인물이 하나 있다. 그녀의 딸 조미란 씨가 바로 그 주인공이다. 남편이 없는 세상에서 미르초유의 중심을 잡아준 것은 딸 미란이었다. 미란 역시 아버지가 없는 설움을 극복하기 위해 많은 노력을 했다. 동양인 아버지, 그것도 멀고 먼 가난과 은둔의 나라 북한 땅에서 온 아버지를 둔 미란에게 어린 시절 아버지의 존재는 곧 고통이었다. 그런 아픔을 안고 한 살 한 살 커가는 딸의 모습을 옆에서 지켜보며 미르초유 역시 견디기 힘든 슬픔을 참아야 했다.

하지만 딸 조미란은 역경을 극복하고 자신의 삶에 최선을 다했다. 아버지를 닮아서 어릴 적부터 머리 하나는 똑똑했다. 루마니아 부쿠레슈티대학교를 졸업한 뒤에는 유럽연합(EU)의 루마니아 대표부 수석비

2004년 인터뷰 당시 조미란 씨.

서를 역임했다. 아무나 오를 수 있는 자리는 아니었다.

"미란이가 대학에 다닐 때는 한국어 학과가 없었습니다. 대신 중
국어과와 일본어과가 있었습니다. 미란이는 아버지가 오면 대화를
할 수 있도록 중국어와 프랑스어를 전공했습니다. 남편은 일본어
를 조금 했고 중국어는 한자를 쓸 수 있었습니다. 그래서 아버지가
오면 같이 대화도 하면서 살아야 한다고 생각해서 미란이 중국어
과를 들어간 것입니다. 미란이는 공부도 잘해서 최고 점수로 대학
에 들어갔습니다."

– 제오르제타 미르초유

그녀와의 인터뷰는 쉽게 성사되지 않았는데, 무엇보다 조미란 씨가 아버지와 관련된 일에는 일체 관여를 하고 싶지 않다는 입장을 고집했기 때문이었다. 그녀는 이제 더 이상 아버지를 찾는 일 때문에 마음이 상하고 싶지 않았다. 사실 처음부터 조미란 씨가 북에 있는 아버지를 찾는 작업에 부정적인 입장을 가진 것은 아니었다. 그녀는 누구보다 적극적으로 북한에 있는 아버지 조정호의 탈출을 국제 사회에 호소했다. 그러던 중 그녀에게 잊지 못할 사건이 하나 발생한다.

1994년 한국에서는 북한을 탈출한 한 남자에 관한 소식이 신문과 방송에 대대적으로 알려졌다. 그의 이름은 조창호였다. 영어로는 'Cho Chang Ho'로 표기가 되었다. 아버지 조정호의 영어 이름 'Cho Chung Ho'와는 모음 U자 하나만 차이가 있었다. 그 소식이 루마니아까지 알려지고 조미란 씨는 탈북한 남자 조창호 씨가 아버지인 줄로만 알았다.

"딸 아이는 그때 '드디어 아버지가 우리를 찾아 북한을 탈출했다' 면서 좋아서 소리를 질렀습니다. 얼마나 좋아했는지 몰라요. 그런데 나중에 조정호가 아니라 조창호라는 이름의 다른 사람이라는 말을 듣고는 무척 실망했습니다. 며칠 동안 방에서 나오지도 않았습니다. 그때 이후로 미란이는 아버지에 대해 이야기를 하는 것을 싫어하기 시작했습니다. 나와도 거리가 멀어졌어요. 미란이 입장에서는 기대가 큰 만큼 실망도 컸던 것이죠."

\- 제오르제타 미르초유

2004년 처음 루마니아에 취재를 왔을 때, 나는 조미란 씨에게 정식으로 인터뷰를 요청했다. 하지만 그녀는 인터뷰를 거절했다. 더 이상 아버지를 떠올리며 감정 싸움을 하고 싶지 않다고 했다. 자신은 이미 아버지를 포기했다고 했다. 어머니 미르초유 씨를 통해 설득을 해보았지만, 그녀는 고집을 꺾으려 하지 않았다. 취재 일정이 마무리 될 때까지만 해도 딸 미란과의 인터뷰는 거의 포기한 상태에 있었다.

그런데 취재 마지막 날, 갑자기 조미란 씨로부터 인터뷰를 하겠다고 연락이 왔다. 전혀 예상치 못한 상황이었다. 서둘러서 촬영 장비를 챙겨서 약속 장소로 나갔다. 그녀가 인터뷰를 허락한 시간은 단 10분. 그 짧은 시간 안에 그녀의 이야기를 모두 들을 수는 없었다. 단 10분의 시간만 허락했다는 것만 봐도 그녀가 오늘 인터뷰를 얼마나 힘들게 허락했는지 짐작이 됐다. 긴장되는 순간이었다. 잠시 후 유럽연합 쪽 사람들과 함께 차를 타고 조미란 씨가 도착했다. 길고 검은 머리카락, 얼굴 생김새는 어머니보다는 아버지를 닮아서 동양인 같은 모습을 풍겼다. 명함을 교환하고 인터뷰를 시작하기 전에 잠시 몇 마디를 나눴다. 짧고 카랑카랑한 목소리에는 냉정함이 묻어났다.

그날 조미란은 왜 갑자기 심경의 변화를 일으켜서 인터뷰를 허락했을까? 그것을 질문에 포함시키지는 않았다. 굳이 묻지 않아도 마음속으로 이해가 됐다. 아버지를 찾겠다는 희망과 절망이 끝없이 교차했던 그녀의 삶이었다. 더 이상 좌절의 고통을 맛보고 싶지 않아서 아버지를 일부러 가슴에서 지우려고 했던 것이 그녀의 인생이었다. 하지만 미란에게는 여전히 미련이 남아 있었다. 지푸라기라도 잡아보려는 심정이었을 것이다.

잠시 후 옷매무새를 고치며 그녀가 카메라 앞에 자리를 잡았다. 단정하면서도 단호한 이미지의 여자였다. 그런 점은 아마 아버지를 닮지 않았나 싶다. 미르초유 씨가 갖고 있는 남편 조정호의 사진들 중에도 미란처럼 단정하게 의자에 앉아 정면을 응시하는 사진이 한 장 있었다. 자존심 세고 사회주의 지상 낙원을 꿈꿨던 이상주의자, 만약 지금 조정호 그가 세상에 살아 있다면 뭐라고 자신의 과거를 이야기 할까. 그는 평생토록 사랑하는 아내와 딸의 모습을 그리워했을 것이다. 만약 그가 이미 숨을 거뒀다면, 죽기 전 그가 마지막으로 바라보았던 북한은 어떤 나라였을까.

미란을 보는 것은 마치 그녀의 아버지 조정호를 보는 것과 같았다. 그렇게 미란은 다시 한번 마지막 희망의 불씨를 키우려고 자신과 싸우고 있었다. 그녀의 모습이 애처롭기만 했다. 동시에 말로 다 표현할 수 없는 책임감이 나에게도 느껴졌다. 천천히 카메라 초점을 그녀의 얼굴에 맞추자 그녀가 이야기를 시작했다.

"아버지를 찾기 위해서 제 어머니는 평생을 북한과 루마니아 정부를 상대로 노력해 오셨습니다. 하지만 지금까지 그 어떤 대답도 얻지 못했습니다."
- 조미란

미란은 어머니에 대한 이야기로 인터뷰를 시작했다. 1960년, 그녀는 루마니아인 미르초유와 북한인 조정호와의 사랑이 열매를 맺어 세상에 태어났다. 그녀가 태어나기 10년 전 한반도는 전쟁의 한복판이었다. 그리고 전쟁이 인연이 되어 아버지는 멀고 먼 루마니아까지 왔다. 그것도 3천 명이나 되는 전쟁고아를 책임져야 하는 신분이었다. 어머니와 아버지의 만남 사이에는 바로 한국전쟁이라는 슬픈 역사가 아로새겨져 있었다.

평양에서 자란 루마니아 사람, 아마 루마니아에서 자신처럼 평양이 고향인 여자는 아무도 없을 것이다. 세월은 무상해서 아버지와 헤어질 당시 세 살이었던 미란은 이제 어느덧 예순을 눈앞에 둔 나이든 여성이 되었다. 코리아와 루마니아를 잇는 아름다운 여성이 되라는 뜻에서 조정호가 지어주었다는 이름 '미란'. 어릴 적부터 미란은 어머니 미르초유를 통해 기억도 희미한 아버지의 존재를 느끼며 살았다.

아버지를 닮은 딸, 어쩌면 미란은 아버지의 얼굴만 닮은 것은 아닐 것이다. 미란이 1968년 여덟 살 어린 나이에 쓴 편지는 1955년 3월 1일, 아버지 조정호가 어머니에게 보냈던 편지와 똑같은 형식을 유지하고 있었다. 편지를 받을 사람의 이름을 맨 위에 적고, 그 밑에는 편지를 쓴 기간을 적어 놓는 독특한 조정호식 표현들을 그대로 따르고 있었다. 마지막에 '당신의 기쁨을 위하여 이를 보낸다'라는 문장은 아버지 조정호가 어머니 미르초유에게 보낸 편지의 마지막과 글자 하나 틀리지 않고 똑같다.

'나의 사랑하는 아버지에게
1962년 5월 12일~1968년 6월 16일

나와 어머니는 매일, 아버지 당신을 많이 기다리고 있습니다.

가장 사랑하는 당신의 건강을 위하여, 당신의 기쁨을 위하여 이를 보냅니다.

아버지 빨리 오십시요.

1968년 6월 16일

당신의 딸 미란, 부쿠레슈티에서… .

어쩌면 미란은 편지 하나에도 아버지를 닮고 싶은 마음을 담으려고 했는지 모른다. 그렇게 아버지가 어머니에게 쓴 편지를 그대로 흉내 내서 적으면서 아버지에 대한 사랑과 그리움을 표현했다. 보고 싶고, 안기고 싶고, '아버지'라 마음껏 불러보고 싶은 아버지, 그리고 남편과 다시 만날 것을 단 한 번도 의심하지 않고 평생을 외롭게 살아온 어머니 미르초유에 대한 애절하고 안타까운 심정을 편지에 담고 싶었던 것은 아닐까.

조미란은 여러 인권단체에 아버지의 사연을 적은 편지를 보냈다. 아버지의 생사만이라도 확인해달라는 애절한 편지였다. 그런 노력 덕분에 국제인권단체들이 앞장 서서 북한에 확인 요청을 하기도 했다. 하지만 아버지 조정호에 대한 소식은 어떤 것도 들을 수 없었다.

"아버지! 어머니는 평생을 당신 생각만 하셨습니다.

혼자서 계속 싸워왔고 힘든 것을 이겨왔습니다.

그리고 하루라도 빨리 당신을 보고 싶어해요.

사랑하는 아버지!

만약 우리가 할 수 있는 것들이 있다면 무엇이든지 할게요.

아버지를 만나기 위한 것이라면 모든 것을 하겠습니다."

– 조미란, 미르초유와 조정호의 딸

미란이 아버지를 애타게 찾고 있었다. 아버지를 찾는 일이라면 무엇이든 하겠다고 다짐을 하고 있었다. 세상에 부모를 만나지 못하고 살아가는 안타까움보다 더 큰 슬픔도 없을 것이다. 미란에게는 그 기다림이 커져서 원망이 되었고, 원망이 커져 미움이 되었다. 그녀에게 북한은 이해할 수 없는 비정상의 나라가 되었다. 그래서 '코리아'라는 단어가 붙은 것은 무엇이든 외면하려 했다. 그것이 처음 미란이 인터뷰를 거절했던 이유였다.

그녀의 이야기를 들으며 나 역시 마음이 착잡했다. 카메라 뒤에서는 미르초유가 딸의 모습을 지켜보고 있었다. 그녀의 눈가가 촉촉하게 젖어 있었다. 수많은 나날 동안 흘렸을 눈물이지만 아직도 미르초유는 남편 이야기가 나오면 눈물이 하염없이 흘렀다. 그것이 내가 본 그녀의 마지막 모습이었다.

어쩌면 나는 그녀를 두 번 다시 만날 수 없을지도 모른다. 그녀 역시 그 순간이 나와의 마지막이 될 것이라고 생각했을 것이다. 그녀는 마지막으로 세상에 남기고 싶은 메시지가 한 가지 있다면서 다시 카메라 앞에 자리를 잡았다.

"여러분들에게 드리고 싶은 말씀이 있습니다. 나의 삶은 참 힘들었고 쉽지 않았습니다. 결혼을 하기 위해서 3년 동안 인민위원회 허락을 기다렸고, 남편과 다시 만날 수 있다는 희망을 잃지 않으려고 사전을 만들었습니다. 사전을 만들기 위해서 30년이 걸렸습니다. 기다림은 때로는 고통이었지만, 가장 행복했던 순간이기도 했습니다. 사랑을 포기하지 않았기 때문입니다. 그래서 저는 여러분들에게 이렇게 말하고 싶습니다. 바람과 소망이 있으면 투쟁하고, 포기하지 않는 삶을 살아가라! 인간의 가장 고귀한 자유를 위해 아낌없이 투쟁하라! 그래서 제 인생은 결코 비극이 아닙니다. 가치로운 삶이었습니다. 여러분이 그렇게 기억해주시기 바랍니다."

- 제오르제타 미르초유

북한인 남편을 60년 동안 기다리고 있는 고집센 루마니아 여인. 그녀가 세상에 전하고자 했던 목소리는 영원히 사라지지 않을 것이다.

제4장 1962년

북한 폐쇄의 해

1956년 김일성 동유럽 방문과 종파투쟁

1956년 2월 14일. 모스크바 크렘린궁 대회의장에서 제20차 소련공산당 대회가 개막됐다. 1953년 스탈린 사망 이후 권력을 승계받은 니키타 흐루쇼프는 스탈린 체제에 대한 전면적인 비판으로 연설을 시작했다. '동무들! 지금 이야기는 스탈린에 대한 개인숭배에 관한 것이다', 라는 말로 시작한 그의 연설은 곧이어 스탈린 개인숭배 현상과 독재를 강화하기 위해 벌였던 비밀 경찰들의 온갖 만행을 비판하는 내용들로 이어졌다.

'개인숭배와 그 결과들에 대하여'라는 제목이 붙은 흐루쇼프의 비밀 연설문은 스탈린식의 공산주의 독재에 대한 통렬한 비판이었다. 소련과 동유럽 공산당은 이것을 계기로 집단주의 체제로 전환을 결정한다. 스탈린 격하 운동의 서막이었다. 흐루쇼프의 등장은 곧이어 1956년

1956년 김일성은 동유럽 5개국 순방길에 나섰다. 이와 때를 맞춰 북한 내부에서는
반김일성 세력의 정치적 쿠데타가 발생했다.

10월 헝가리 혁명이라 불려지는 동유럽 자유화 운동으로 연결되었다.

북한 내부에서 반 김일성 운동이 꿈틀거리기 시작한 것도 바로 이
시기다. 개인숭배 반대와 군수산업 위주의 중공업 우선 정책을 강조했
던 소련파와 경공업 발전과 김일성 중심 체제를 부르짖었던 김일성파가
정면으로 충돌한 것이다. 지금까지 친소 친중 노선을 걷고 있던 서방파
와 연안파들이 모조리 숙청된 시기도 바로 이때다. 이것은 김일성 일당
독재가 시작되고 있음을 암시하는 것이었다.

1956년 6월 김일성은 북한 전쟁고아들이 머물고 있는 동유럽 방문 계
획을 세운다. 하지만 공식 방문 도중 김일성은 북한 내부에서 자신을 권력
에서 몰아내기 위한 모종의 쿠데타가 벌어지고 있다는 첩보를 접수한다.

1956년 6월 불가리아 방문을 포함해서 김일성 동유럽 방문이 있었습니다. 그리고 비슷한 시기에 북한 내부에서 벌어진 종파 사이에 갈등이 있었습니다. 김일성의 리더십을 무너뜨리기 위한 친중 마오주의자들과 친소 종파주의자들의 쿠데타 시도가 있었던 것입니다. 일종의 정치적 쿠데타였습니다. 김일성은 이런 과정을 겪으면서 자신만의 유일 사상체계의 확립을 시도하게 됩니다. 그것이 바로 주체사상이었습니다.

– 조단 바에프 불가리아 역사학자

하지만 이런 반 김일성 쿠데타의 움직임은 사전에 감지되어 동유럽에 머물고 있던 김일성에게까지 보고되었다. 김일성은 서둘러 일정을 마치고 북한으로 돌아갔다. 이미 한국전쟁의 책임을 물어 남로당 계열 거물 박헌영 숙청 계획을 세워놓은 김일성은 1956년 재판을 통해 박헌영을 미국 첩자이자 국가 전복을 기도했다는 죄목으로 기소하고 사형에 처하였다.

박헌영 숙청 이후 김일성이 다음으로 손을 본 것은 친중국 노선을 걸고 있던 연안파였다. 1956년 8월 연안파들은 조선로동당 중앙위원회 전원회의에서 김일성의 유일사상과 중앙집권적 독재권력에 대해서 강도 높게 비판을 했다. 하지만 중앙위원회를 장악하고 있던 김일성은 수적 우위를 앞세워 즉각적인 반격에 나섰다. 곧바로 몇몇 연안파를 출당시키고 당중앙위원직을 박탈했다.

1956년 9월에는 종파주의 청산이라는 명분을 내세워서 연안파 제거 작업이 본격화된다. 그리고 소련파 숙청 작업이 뒤를 이었다. 결국 이러한 과정을 거쳐 1958년 3월 김일성은 노동당 제1차 대표자회의를 통해 종파 청산을 선언하고 김일성파의 승리를 공식화했다.

　북한 내부의 권력투쟁 속에서 김일성주의자들이 반대 세력을 몰아낸 과정은 소련과 중국에 대한 의존적인 외교노선을 전면 수정하는 과정이었다. 반종파투쟁은 북한 사회가 폐쇄적인 일당 독재로 나아가는 데 가장 큰 영향을 미친 사건이었다. 김일성은 반대파들을 숙청하기 위해 정치범 수용소를 설치하고 자신의 유일 사상 체제에 도움이 되지 않는 모든 책들을 금서로 지정하고 불태워버렸다. 심지어 책의 모든 페이지마다 검열이 이뤄졌다고 하니 당시 사상검열이 어느 정도였는지 실감할 수 있다. 반대파에 속해 있던 연안파와 소련파 정치인들은 김일성이 주도한 피의 숙청에 두려움을 느껴 중국과 소련으로 망명을 신청했다. 그 숫자는 수만 명에 달했다.

　결과적으로 김일성은 반종파투쟁에서 승리하면서 자신에게 반기를 드는 세력들을 완전히 제압했다. 그리고 1인 독재체제를 강화하며 북한식 수령제를 확립하는 계기로 삼았다. 이를 위해서 주체사상이 하나의 정치 이념으로써 북한 사회에 자리 잡았다. 반종파투쟁은 김일성과 그를 지지하는 세력들에게는 엄청난 행운을 가져다주었지만 북한 주민들에게는 불운이었다. 역사에는 가정이 없지만, 만약 1956년 종파투쟁에서 김일성이 패배했다면 오늘과 같은 북한의 폐쇄적이고 기형적인 정치체제는 탄생하지 않았을 것이다.

기형
사회

1960년대부터 1970년대까지 북한 내부에서 어떤 일들이 벌어지고 있었는지를 이해하기 위해서 우리는 헝가리 부다페스트대학교 오스바트 가보르 교수를 인터뷰했다. 그는 우연히도 그 시기에 북한에서 생활을 했다. 북한 내부의 권력 투쟁과 김일성 우상화 작업 등이 어떻게 전개되었는지 직접 현장에서 지켜봤던 인물이었다.

　　오스바트 가보르 교수의 증언에 의하면 이미 1958년에서 1959년 사이를 기점으로 북한 사회 내부는 고립의 길로 접어들기 시작했다고 한다. 사회주의 종주국 소련이나 한국전쟁 당시 실질적으로 지원을 받았던 중국에 대해서도 팽창주의 외교 정책이나 제국주의라 비판하면서 외부 사회와 차단되는 정책들을 펼쳐 나가기 시작했다. 동시에 주체를 세운다는 슬로건들이 사회를 지배하기 시작했다. 이런 외국 문명에

1960, 70년대 북한에서 생활했던 헝가리 부다페스트대학교 오스바트 가보르 교수와 북한 관리인.

대한 배척 운동은 예술과 문화를 중심으로 사회 전반으로 확산되어
나갔다.

"1958년도에 촬영된 북한 사진을 보면 무용수들이 발레 슈즈를
신고 연습하는 장면이 있습니다. 하지만 1959년 이후부터 갑자기
무용수들의 발레 슈즈가 사라졌습니다. 이유가 뭔지 궁금했습니
다. 우연한 기회에 북한 대사를 만날 기회가 있어서 '왜 무용수들
이 발레 슈즈를 신지 않는가'라고 질문을 했더니 말도 안 되는 변
명이 나왔습니다. '북한 여성들의 몸에 발레 슈즈가 맞지 않다'는
것이었습니다. 어이없는 대답이었죠. 악기도 서양 악기를 찾아볼
수 없었습니다. 바이올린, 첼로, 비올라, 콘트라베이스 같은 현악기

들의 북한식 개량화 작업도 이때부터 시작되었습니다. 심지어 평양 거리에는 서양식 유모차도 사라졌습니다. 여성들은 아이들을 다 등에 업고 있었습니다.

- 오스바트 가보르 교수, 헝가리 대학교 교수

역사에 대한 인식 방법을 놓고도 내부적인 사상 검열이 시작되었다. 오스바트 가보르 교수에 의하면 그 당시에는 옛날 역사에 대해 얘기하는 것은 반역 행위였다고 한다. 주체사상의 역사관이 형성되는 과정이었기 때문에 사관으로 정리되지 않은 역사를 언급하는 것 자체가 논란이 되었다.

"그 당시 북한에서는 김일성의 빨치산 활동을 찬양하는 책밖에는 찾을 수가 없었습니다. 서양에서 발간된 책들은 대부분 사라졌습니다. 역사에 관해서 이야기를 하는 것은 반역 행위였고, 해외에서 북한을 돕기 위해 경제 지원을 하는 것에 대해서도 불편하게 생각했습니다. 오직 북한의 자부심을 고취시키기 위한 일화로만 책들이 출간되었습니다. 모든 것은 김일성의 업적으로 치장되었습니다.

- 오스바트 가보르 교수

한국전쟁 이후에 해외 여러 나라들이 북한을 돕기 위해 지원에 나선 일도 북한의 자존심을 건드리는 일이었다. 북한 전쟁고아들이 유럽 각국에서 철저하게 비밀리에 생활했다는 것과 일맥상통하는 이야기다.

루마니아에서 발견된 기록 필름에는 북한 전쟁고아들의 아침조회 모습이 생생하게 기록되어 있다.(사진 위)
김일성 얼굴이 새겨진 인공기. 1953년 루마니아 시레트.(사진 아래)

한마디로 동유럽에 머물던 북한 전쟁고아들에 관한 역사는 외부에 알려지지 말아야 했다.

같은 시기 김일성 우상화 작업이 함께 진행되었다. 주체사상은 김일성 항일 무장투쟁을 미화하는 작업부터 시작되었다. 항일무장투쟁이 신화가 되었다. 상당 부분 검증도 되지 않은 날조된 역사였다. 실존 인물이었던 김일성과 북한 지도자 김일성이 동일 인물이 아닐 수 있다는 의혹은 현재까지도 숱한 논쟁을 불러일으키고 있다.

북한의 자부심을 고취시키기 위한 일화들도 속속 등장했다. 외국인, 외국 문화는 무조건 제거의 대상이었다. 심지어 한국전쟁에 참전했다 희생되었던 소련군, 중공군 희생자들을 추모하기 위해 만들었던 기념비를 폐쇄하려는 움직임도 있었다. 비록 계획은 중국과 소련의 반대로 실행되지는 않았지만, 대신에 모든 것을 김일성의 독자적인 업적으로 치장했다. 일반 가정에서는 김일성 사진이 담긴 액자를 의무적으로 벽에 걸도록 지시가 내려졌다. 김일성 우상화는 김일성이 살아 있을 때부터 진행되었다.

동유럽에 머물던 모든 북한 전쟁고아 기숙사에서 똑같은 아침 조회 프로그램이 운영되었다는 사실은 생존자들의 인터뷰를 통해서 확인되었다. 5천 명 이상의 어린 아이들이 아침 6시 반에 기상해서 아침 체조를 하고 운동장 한가운데 모여 '김일성 찬가'를 불렀다. 그들 눈앞에는 김일성 얼굴이 새겨진 인공기가 게양되었다. 1950년대 초반에 일어났던 일들이었다.

일부 북한 연구자들은 북한이 처한 특수한 상황으로 인해서 불가피하게 주체사상과 같은 내부 단결용 사상 의식이 필요했다고 주장하고 있다. 미국의 경제적, 군사적 봉쇄 조치로 어쩔 수 없이 자위적 수단으로 북한의 폐쇄적 정치 체제가 탄생했다는 주장이다. 하지만 1950년대 초반에 동유럽에서 벌어졌던 인공기에 새겨진 김일성 얼굴을 바라보며 아침 조회를 해야 했던 북한 전쟁고아들의 모습을 보면 이런 주장은 설득력이 떨어진다. 오히려 그보다는 북한이라는 사회가 형성될 때부터 이미 김일성을 중심으로 만들어졌다고 보는 게 더 설득력이 있다. 참고로 동유럽에서 아이들이 매일같이 불렀던 '김일성 찬가'가 만들어진 시점은 해방이 된 지 2년밖에 지나지 않은 1947년이었다. 북한은 김일성 우상화라는 설계도를 바탕으로 국가가 만들어졌다고 보는 게 더 정확할 것이다. 이를 뒷받침하듯 현재도 북한 전역에는 34,000개의 김일성 동상이 세워져 있다.

> "동유럽은 비록 소련의 영향 아래 있었지만 나라마다 달랐습니다. 예를 들어 동독의 경우 슈타지(비밀 경찰)의 역할이 정치 체제를 유지하는데 큰 역할을 했지만, 북한처럼 개인 우상화까지 간 것은 아니었습니다. 공산주의가 독재는 아닌 것이죠.
> 북한의 경우 김일성 유일 사상 체제를 강화하기 위해 정적을 숙청하고 도서 검열과 주민들에 대한 사상 통제가 강화되었습니다. 문제는 그렇게 김일성주의가 강화되면서 서서히 북한 경제도 몰락해 가기 시작했다는 점입니다."
> - 오스바트 가보르

불가리아 역사학자 조단 바에프는 북한 내부의 이런 기이한 현상을 정치·지정학적인 관점에서 해석하고 있다.

> "이런 대립과 갈등은 이데올로기 대립이 아니라 '정치·지정학적인 요인'에 의해서 일어났다고 생각합니다. 제3세계에 영향력을 확대하려는 중국과 소련 사이에서 벌어진 갈등이라고 볼 수 있습니다. 중국과 소련 사이에 위치했던 북한이 독자적으로 살아남기 위한

자주 노선을 만든 결정적 요인 중에는 이런 정치·지정학적인 요인
들이 배경에 깔려 있는 것입니다."

– 조단 바에프

1950년대 초반 북한 전쟁고아들이 머물렀던 동유럽 모든 곳에서는
동일한 아침조회 프로그램이 운영되었다.

숙청과 정적 제거의
달인

1960년대 초반이 되면서 미국과 소련을 중심으로 한 냉전 체제에 또 하나 새로운 강자가 떠올랐다. 바로 중국 공산당이었다. 지금까지 세계 질서의 패권을 차지하기 위해 미국과 소련이 대결하던 양상에 중국이 가세하기 시작했다. 이런 대립은 1970년대 후반까지 이어졌다. 김일성에게는 절호의 기회였다. 김일성은 공산권 내부 갈등이 심화되는 세계 질서의 변화를 자신의 정권을 강화하는 방향으로 이용했다. 공산주의 종주국 소련과 새롭게 부상하고 있는 중국의 틈바구니에서 묘한 줄타기를 시도한 셈이다.

종파투쟁이 한창일 때도 북한에는 십만 명 가량의 중공군이 존재하고 있었다. 중공군 주둔은 독자노선을 꾸려 나가려 했던 김일성에게는 눈에 거슬리는 장애물이었다. 그렇다고 한국전쟁 때 도와주었던 중국을 대놓고 무시할 수도 없는 입장이었다. 김일성이 종파주의자들을 숙청하는 과정에서 가장 신경을 쓴 부분도 바로 중국의 지원을 받고 있는 연안파였다.

김일성은 자신들을 따르는 소위 항일무장 투쟁의 후예들을 대거 기용하면서 세를 과시해 나갔다. 수적으로 가장 다수를 차지했던 남로당 계열을 일차적인 제거 목표로 삼은 것도 그런 이유였다. 소련과 중국의 지원을 받는 친소 친중 정치 세력들을 제거하기 위해서는 보다 고도의 전술이 필요했다. 김일성은 우선 의회에 해당하는 당 중앙위원회 전원회의를 자신들의 계파로 장악했다. 남로당 출신 박헌영을 간첩 혐의로 숙청한 것과는 다른 방식이었다.

김일성 지지자들로 장악된 전원회의에서 연안파들은 연설 한 번 제대로 하지 못하고 참석자들의 야유와 욕설 속에 단상에서 끌려 내려왔다. 정적에 대한 직접적인 숙청이 아니라 대중적인 공간에서 군중의 힘에 의해서 반대파를 제거하는 방식이었다. 회의장의 격앙된 분위기에서 연안파는 자신들의 신변에 다가오고 있는 위협을 감지할 수 있었다. 그들은 회의장을 빠져나와 곧바로 자동차를 타고 중국으로 도주했다. 이들의 탈출은 곧 자신들이 김일성과의 권력투쟁에서 패배했음을 자인하는 꼴이었다.

소련파 인사들 역시 상황은 마찬가지였다. 개인 우상화에 대한 비판은 종파주의로 매도되었고 국가를 전복시키는 반국가적인 행동이 되었다. 김일성 반대파를 대표하던 상징적인 인물 최창익은 숙청되어 정치범 수용소에서 일생을 마쳤다. 이미 사형이 선고되었던 남로당 거두 박헌영도 종파투쟁이 벌어지던 이 시기에 비밀리에 처형되었다. 지금도 악명 높은 북한 정치범 수용소가 종파투쟁의 산물로 처음 모습을 드러낸 것도 이 때였다. 반혁명 분자로 낙인 찍히고 당직에서 축출된 수많은 정치인들을 감금하는 장소로 정치범 수용소가 필요했다.

한편 이런 와중에 1958년부터 소련과 중국이 공산권의 헤게모니를 놓고 충돌하기 시작했다. 중소의 대립과 경쟁은 김일성에게는 권력을 강화할 수 있는 절호의 기회였다. 이때부터 김일성의 줄타기 외교가 수완을 발휘하기 시작했다. 소련과 중국은 공산주의 동맹으로부터 지지를 얻어 공산주의 종주국 지위를 차지하는데 여념이 없었다. 김일성은 이런 틈새를 파고들어 줄타기 협상을 벌이면서 자신의 권력을 강화하는데 성공했다.

> "1960년대 초반이 되면, 이전까지 소련과 미국이라는 양대 축에서 '베이징-모스크바-워싱턴'을 주축으로 하는 대립이 발생합니다. 이런 흐름은 1970년대 후반까지 이어졌습니다. 등소평이 실권을 잡고, 흐루쇼프가 실권을 잡는 시기였습니다. 김일성은 소련과 중국의 틈새에 놓인 지정학적인 위치를 오히려 활용하여 자신의 체제를 안정화한 것입니다."
>
> - 조단 바에프, 불가리아 역사학자

결국 김일성은 종파주의자들을 완전히 제압하면서 1인 독재체제의 강화와 북한식 수령제도를 확립했다. 국가와 당, 인민보다 상위에 존재하는 지도자 김일성의 위상을 강화하기 위한 방안들이었다. 반종파 투쟁은 김일성에게 정치적 승리와 영구집권의 길을 열어놓았다. 하지만 당시까지만 해도 김일성 일가의 세습체제가 70여 년 동안 계속될 것이라고 전망하는 사람은 많지 않았다. 현재까지도 북한은 반종파 투쟁이 당의 통일과 단결을 실현시키고 당과 수령을 중심으로 주체적인 사회주의 건설로 나아가는 중요한 계기였다고 선전하고 있다.

하지만 그것은 세계에서 유래를 찾아볼 수 없는 반문명적이고 봉건적인 김일성 일당 체제를 구축하는 피의 숙청 과정이었다. 북한은 1950년대에서 1960년대까지 10년을 김일성 우상화 작업에 집중했다. 그 시기는 북한이 국제 사회에서 떨어져 스스로 고립을 자초하는 길로 접어들었던 시점이다. 그 결과 1970년대부터 북한 경제가 몰락하기 시작했다.

만약 1960년대 북한이 독자 생존 노선을 포기하고 사회주의 코스모폴리탄의 기치 아래 국제 사회와 연대하는 길로 나아갔다면 한반도의 운명은 지금과는 달랐을 것이다. 1950년부터 1960년대까지 동구권에 존재했던 사회주의 공동체, 이상사회를 향한 꿈은 전쟁으로 폐허가 된 현장에 버려진 아이들을 구출했다. 그 덕분에 수만 명의 전쟁고아들이 목숨을 건졌다. 그것은 분명 인류의 역사 속에 재평가되고 기록되어야 할 소중한 역사였다. 하지만 김일성은 자신만의 독자적인 왕국을 건설하는 길을 선택했다. 그때부터 북한 사회는 김일성이라는 한 인간을 위해 모든 국민들이 복종과 희생을 감수하는 체제로 탈바꿈했다. 동유럽 북한 전쟁고아들 역시 그 역사의 피해자였다.

자유를 향한
헝가리 혁명

북한 전쟁고아들을 취재하면서 역사적으로 빼놓을 수 없는 세계사적인 사건이 하나 있었다. 그것은 바로 1956년에 헝가리에서 일어났던 자유를 향한 시민들의 혁명이었다. 1953년 스탈린 죽음 이후 권력을 넘겨받은 흐루쇼프는 스탈린식 독재를 비판하면서 집단지도 체제를 강조하기 시작했다. 이런 변화 속에 동유럽에서 자유화 바람이 불기 시작했다.

　　2차 대전이 끝난 뒤 소련 영향권 아래 있던 동유럽 국가들에는 공산주의 정부가 들어섰다. 1946년 헝가리에도 스탈린주의에 입각한 라코시 마차시가 실권을 장악했다. '리틀 스탈린'이라고 불릴 정도로 스탈린주의를 표방했던 라코시는 반대파들을 숙청하고 강도 높게 산업시설 국유화와 농업 집단화를 추진했다. 그 과정에서 7,000명 정도의 반대파 당원들이 숙청되는 사건이 벌어졌다. 정치적 혼란에 경제난까지 겹치면서 라코시에 대한 국민들의 불만이 점점 가중되었다.

1953년 스탈린 사망과 함께 스탈린의 수제자를 자처했던 라코시도 권력을 상실했다. 뒤를 이어 개혁 성향의 새로운 정부가 들어섰지만 라코시는 변화를 거부하고 정부 정책에 반기를 들었다. 원래부터 불만이 많았던 라코시의 움직임에 헝가리 국민들이 분노가 폭발한 것이 1956년 헝가리 혁명의 시작이었다.

이런 와중에 1956년 10월 23일 수도 부다페스트에는 2만 명이 모인 가운데 스탈린 동상이 철거되고 시민들이 스탈린 동상의 머리를 부수는 사건이 발생했다. 마침내 보안군과 시위대가 충돌하면서 유혈사태가 발생했다. 라디오 방송국이 시민군에 의해서 점령되고 소련군이 부다페스트에 진입하면서 상황은 걷잡을 수 없이 악화되었다.

다음 날인 10월 24일에는 시민군과 소련군 사이에 총격전이 벌어지고 많은 사상자가 발생했다. 결국 우려했던 대로 소련군이 탱크를 앞세우고 부다페스트 시내로 진입했다. 시민군은 잘 훈련된 소련군과 압도적인 탱크의 화력에도 불구하고 결사적으로 항전했지만 11월 11일 전투는 시민군의 패배로 끝났다.

소련군에 의해 진압된 부다페스트에는 언제부턴가 구멍이 뚫린 헝가리 국기가 게양되기 시작했다. 공산당을 상징하는 낫과 망치를 그린 헝가리 공산당 문양이 제거된 국기였다. 이때부터 구멍 뚫린 헝가리 국기는 자유에 대한 열망과 공산주의 압제에 대한 도전으로 세상에 알려지기 시작했다.

이어진 두 달 동안의 치열한 교전 속에 3,000여 명의 사상자와 실종자가 발생했고 부상자는 2만 여 명에 달했다. 사망자 중 절반이 노동자였고, 사상자 절반 이상이 30살 미만의 젊은이들이었다. 헝가리 자유화 혁명으로 동유럽에는 반 소비에트 자유화 바람이 일어나기 시작했다. 폴란드에서도 비슷한 시기에 자유를 향한 시민들의 혁명이 일어났다. 1968년 체코 프라하에서 일어났던 자유를 갈망하는 시민들의 저항 운동은 이 두 가지 사건에 큰 영향을 받아 일어났다.

흥미로운 것은 이 시기 동유럽에 머물던 북한 전쟁고아와 유학생들 중에 헝가리 혁명에 가담한 사람들이 존재했다는 사실이다. 비록 개인적인 차원에서 시민 혁명운동에 참여한 일이었지만, 그들의 존재는 북한 정보 당국에 포착되어 평양에 보고 되었다. 북한 전쟁고아, 유학생들의 송환 작업은 동유럽 자유화 운동과 깊은 연관 속에서 결정되었다.

김일성은 사태를 방치할 경우 그 불똥이 북한 사회까지 번질 것이라고 판단했다. 반 김일성 세력에 의한 정치적 쿠데타를 직접 경험한 김일성 입장에서 동유럽 자유화 바람을 직접 경험한 1만 명 가량의 선진적인 엘리트들은 자신의 체제를 불안하게 만들 수 있는 잠재적 위험 요소였다.

동유럽
변화의 바람

동유럽 곳곳에서 반소비에트 자유화 물결이 일어나기 전인 1955년까지만 해도 김일성은 아이들을 이용해서 동유럽 각국과 외교적 관계를 발전시킬 계획이었다. 특히 석탄 채굴처럼 핵심적인 기술을 소련으로부터 일방적으로 지원받고 있던 상황에서 변화는 절실했다. 소련의 간섭에서 벗어나고 기술적 자립을 얻기 위해서 동유럽에 머물고 있는 북한 전쟁 고아들은 좋은 수단이 되었다. 그것이 1955년 김일성이 직접 교시를 내려서 기술 교육에 힘쓰도록 지시한 이유였다.

그 결과 1955년부터 똑똑한 아이들을 선발해서 유럽 아이들과 같은 학교에서 수업을 받도록 지시를 했다. 헝가리에서는 기술 학교에 아이들을 보내서 집중적으로 기술자 양성 과정을 밟도록 했다. 엘리트를 선발해서 앞선 유럽 문명과 기술을 전수받도록 조치했다. 그 결과 폴란드 프와코비체에 모여 살았던 아이들 중 200명이 바르샤바 근처의 오트보츠크라는 도시로 이주했다.

> "1955년 김일성은 폴란드 프와코비체에 있는 아이들을 바르샤바 외곽의 오트보츠크로 옮기라는 지시를 내렸습니다. 그는 북한 아이들을 폴란드 수도 근처의 오트보츠크 폴란드 학교로 보내서 폴란드 아이들과 함께 공부하는 것이 현지 언어와 문화를 배우는데 효과적일 것이라 생각했습니다. 실제로 폴란드 교육부에서는 북한 아이들과 폴란드 아이들이 함께 교류할 수 있는 기회를 만들기 위해 새로운 교육 프로그램을 준비하기도 했습니다. 그런데 1956년에는 상황이 돌변했습니다. 헝가리와 폴란드에서 일어나는 혁명의 불꽃이 북한으로 유입되는 것에 두려움을 느낀 것이죠. 그래서 1956년 김일성은 유럽에 있는 아이들을 북한으로 송환하라는 명령을 내린 것입니다."

- 실비아 쉬츠, 폴란드 북한 전문 연구원

오랫동안 유럽 문화에 익숙했던 북한 전쟁고아들 중에는 유럽인과 비슷한 사고방식을 지닌 아이들이 많았다. 특히 유년기 때 동유럽에 온 아이들이 더욱 그런 경향을 나타냈다. 그들은 겉은 북한 사람이었지만, 속은 유럽인이나 다를 바가 없었다. 현지 언어를 습득해서 자유롭게 유럽인들과 교제를 했고 유럽에서 벌어지는 소식들을 누구보다 빨리 이해할 수 있었다. 개인 우상화 작업에 열중했던 스탈린의 죽음은 그들로 하여

1956년 헝가리 북한전쟁 고아 기숙사를 방문한 김일성.

금 공산주의에 대한 회의적인 생각을 갖게 만들었다. 유럽 지식인들과 예술가들의 문학 작품을 읽으며 사고 방식에 변화가 일어났다.

1956년 초부터 북한 전쟁고아들이 머물고 있는 기숙사에서 심상치 않은 기운이 감지되기 시작했다. 집단화되고 폐쇄된 기숙사에서 분위기를 못마땅하게 여기는 아이들이 생겨났다. 그들 중 몇몇은 몰래 기숙사를 빠져나와 유럽의 자유로운 환경을 즐겼다. 담장을 넘어 술을 마시거나 몰래 유럽 여성들과 연애를 하는 경우도 있었다. 헝가리 시민들의 자유화 운동 소식은 아이들을 변화시켰다. 자유를 위해 독재와 싸우는 모습에 아이들은 큰 충격을 받았다. 그리고 몇몇 아이들이 부다페스트의 시민 혁명 대열에 참여하는 사건이 일어났다.

1956년 몇몇 북한 학생들이 자유를 향한 헝가리 혁명에 가담하게 됩니다. 그런 현상을 보고 부다페스트의 북한 대사관에서는 아이들을 북한으로 송환하기로 결정했습니다.
그 대상은 단지 북한 유학생이나 고아들뿐만 아니라 기술자들까지 모두 포함되었습니다. 그 결과 1957년 이후 헝가리에는 공식적으로는 북한 학생들이 단 한 명도 머물러 있을 수 없었습니다.
- 실비아 쉬츠

이런 상황은 폴란드와 루마니아에서도 일어났다. 1957년 5월 폴란드 북한 대사관은 폴란드 정보 당국으로부터 긴급 전문을 받는다. 북한 전쟁고아들이 머물고 있는 프와코비체에서 북한 학생 2명이 기차를 타고 오스트리아로 도망치려다 국경 검문소에서 적발되었다는 내용의 전문이었다. 기숙사를 탈출했던 두 명의 학생들에 대한 신원을 확인할 수 있는 자료는 존재하지 않지만, 폴란드 정보 당국이 기록한 문서에는 이들 두 명의 북한 전쟁고아들이 프와코비체에 살던 학생들이라는 자료가 남아 있다. 그곳은 북한에서 온 전쟁고아들의 기숙사가 있던 바로 그 장소였다. 북한 정보원들에게 체포된 두 명의 북한 학생들은 결국 강제로 북한으로 압송되었다.

기숙사
탈출 사건

1956년 헝가리 자유화 물결은 예상보다 빠르게 동유럽으로 번져 나갔다. 동유럽에 머물고 있던 북한 전쟁고아들에게 헝가리 혁명은 큰 충격이었다. 사회주의 종주국 소련에 대한 저항, 신격화된 존재였던 스탈린 격하운동 등으로 인해 자신들이 믿고 있는 사상에 대한 의구심이 들기 시작했다. 북한 정보 당국도 헝가리 혁명이 유럽에 머물고 있는 북한 전쟁고아들에게 좋지 않은 영향을 미칠 것이란 우려 속에 감시 체제를 더욱 강화했다. 그리고 그들이 우려했던 것들은 곧바로 현실로 나타났다.

1957년 폴란드 바르샤바에서 북한 젊은 유학생들이 미국 대사관과 프랑스 대사관에 접촉해서 서유럽으로의 탈출을 도와 달라는 편지를 보내는 사건이 일어났다. 일종의 정치적 망명을 요청하는 내용이 담긴 편지였다. 이들의 편지는 중간에 폴란드 정보 당국에 의해서 적발되었고, 결국에는 폴란드 주재 북한 대사관으로 통보가 되었다. 사건에 가담했던 유학생 전원이 체포되었고 그들 모두 북한으로 송환되어 정치범 수용소로 보내졌다.

이 시기는 묘하게도 북한 김일성 정권이 반소 반중 노선을 강화하던 시점과 겹친다. 수단과 방법을 가리지 않고 반대파를 척결하고 자신을 따르는 친 김일성 계열의 인사들로 권력이 재편되는 시점이기도 했다. 김일성은 자신의 통치 이념을 정당화하기 위해 새로운 이념이 필요했다. 바로 주체사상이었다.

스탈린 사망 이후에 공산주의 체제가 변화하기 시작하면서 갈등이 생기기 시작합니다. 후르쇼프는 새로운 공산주의 블럭을 만들려고 했습니다. 하지만 김일성은 그 블럭 안으로 들어가고 싶지 않았습니다. 그래서 김일성은 주체사상을 만들었습니다.

김일성은 자신만의 독립적인 체제를 만들고 싶었던 것입니다. 드디어 1959년 12월 김일성은 주체사상에 관해서 언급을 하기 시작합니다.

– 실비아 쉬츠

비슷한 시기 루마니아에서는 투르고비쉬테에 머물고 있던 북한 전쟁고아 몇몇이 루마니아 여성과 교제를 하는 사건이 벌어지기도 했다. 당시 루마니아에서 외국인과 연애를 하는 일이 적발되면 즉시 북한으로 송환되어야 했다. 북한인 남편과 4년 동안 비밀 연애 끝에 결혼에 성공한 제오르제타 미르초유가 자신들의 사생활을 외부에 드러내지 않으려 했던 것도 이런 이유였다. 그렇게 몰래 연애를 하는 커플들이 생겨났다. 그들에게 북한으로의 송환은 곧 이별이었다. 하지만 남녀 간 사랑은 강제로 억압한다고 해서 감정이 사라지는 것이 아니다. 북한으로 송환이 결정되었다는 소식을 들은 몇몇 북한 전쟁고아들은 결국 기숙사를 탈출했다. 그들은 남들의 눈을 피해 여러 도시를 전전하며 살았다. 훗날 그들 중 결혼을 해서 가정을 꾸리고 다시 투르고비쉬테로 돌아와 택시 운전을 하며 생활한 사람도 있었다.

> **"루마니아에서는 한 명의 남자 아이가 조선인민학교 기숙사 담장을 넘어 도망을 쳤습니다. 아이를 붙잡으려고 교사들이 노력했지만, 결국 그 아이를 찾아내는 데 실패했습니다. 아이가 도망친 이유는 여자 때문인 것으로 알고 있어요. 루마니아 여자랑 북한 남자가 같이 다니는 것은 남들 눈에 쉽게 띄기 때문에 숨어사느라 고생을 했을 거예요. 결국 두 사람은 결혼을 했고 아이도 생겼다고 합니다. 우연히 택시에서 그를 본 사람이 있다는 얘기만 들었어요. 어디에 살고 있는지 아는 사람은 아무도 없었습니다. 아마 계속 떠돌이 생활을 하지 않았을까 싶어요. 집시처럼 말이죠."**
>
> - 장 피에르 토마, 루마니아 조선인민학교 관리인

그를 찾아 보기 위해 여러 경로를 통해 수소문을 했지만, 결국 그를 찾을 수는 없었다. 숱한 감시와 불안감 속에서 지내야 했던 그들 부부는 자신의 신분을 당당하게 노출시키지 못한 채 평생을 살았다. 비록 루마니아에서 취재를 하는 동안 그를 찾아내지는 못했지만 나는 그가 어디선가 우리의 존재를 지켜보고 있을 것만 같은 느낌이 들었다. 자유와 사랑을 위해 조국과 고향을 버렸던 한 남자의 인생이 평온하길 기원하며 루마니아에서 아쉬운 발길을 돌려야 했다.

폐쇄적인
집단사회

1959년이 되면서 동유럽에 머물던 북한의 유학생, 기술자, 그리고 전쟁고아들까지 모두 귀환명령이 내려졌다. 1960년에서 1962년 사이가 되면 거의 모든 유학생들이 북으로 귀환한다. 더 이상 유럽에 남아 있는 사람들은 없었다. 하지만 북으로 송환 작업이 이뤄지던 바로 그 시기가 북한 전쟁고아들이 기숙사를 가장 많이 탈출했던 시기였다. 상당수 북한 아이들이 탈출과 잔류 사이에서 방황을 했던 것으로 보인다.

전쟁고아 출신들 말고도 당시 동유럽 대학에는 선진적인 유럽 기술과 문화를 배우려는 북한 유학생들이 많았다. 북한 당국의 송환 명령은 유학생들에게도 똑같이 적용되었다. 비록 일부이긴 했지만 결국 송환을 거부하고 망명을 신청하는 유학생들이 발생하기 시작했다.

유럽 문화에 영향을 받고 자란 북한 전쟁고아들이나 유학생들 입장에서 갑작스런 송환 명령은 곧 자유에 대한 구속이었다. 그것을 쉽게 받아들일 수 있는 아이들은 많지 않았다. 그 시기 이미 아이들은 유럽 생활과 문화에 익숙해져 있었다. 특히 유럽인들과 가족처럼 살았던 전쟁고아들에게 송환 명령은 가족과 헤어져야 한다는 비극을 의미했다. 심지어 나이가 들어 유럽 여성들과 비밀리에 동거를 하는 커플들도 있었는데 그들이 느낀 심리적 좌절감은 이루 말할 수 없이 큰 것이었다. 당의 명령에 충성해야 한다는 사명감과 사랑하는 사람과 헤어져야 한다는 슬픔 사이에서 적지 않은 사람들이 갈등을 겪었다.

루마니아 시레트에서는 북한 전쟁고아 중 한 명이 송환 당일 귀국 열차를 타지 않아서 학교가 발칵 뒤집힌 일도 있었다. 북으로 송환되는 게 싫었던 아이는 산속으로 도망을 쳤다. 당시 현장에 있던 미르초유 씨는 이 사건으로 인해 큰 충격을 받았다. 아이가 붙잡혀서 집단적인 폭력에 희생되었기 때문이었다. 도망을 쳤던 아이는 원래 루마니아 가정에 입양되기로 되어 있었다. 하지만 자유로운 의사를 통해 외국인 가정에 입양되는 것을 북한 당국은 인정할 수 없었다.

"루마니아에서도 북한 전쟁고아 중 한 명이 송환을 거부하고 도망친 사건이 있었습니다. 그 아이의 이름은 기억이 잘 나지 않는데, 병이 들어서 시골에서 요양을 하고 있었습니다. 그곳에서 수위 한 분이 그 아이를 무척 예뻐했습니다. 그 역시 부인과 가족을 잃고 혼자 살고 있는 상태였습니다. 시간이 지나면서 그 남자와 아이가 가까와졌죠. 마치 친아들처럼 여기게 된 것입니다. 그러다 1959년 송환 결정이 내려지고 남자에게도 소식이 전해졌습니다. 자식처럼 보살폈던 아이가 북으로 돌아가야 하는 것이 안타까웠던 남자는 어느 날 아이에게 진지하게 물었습니다. '북한에 돌아가지 말고, 내가 아빠가 되어줄 테니까 루마니아에 남아서 같이 살지 않겠니?' 그러자 아이도 '당신이 나의 아빠가 됐으면 좋겠어요'라고 대답했습니다. 결국 두 사람은 루마니아에서 같이 살기로 결정을 했습니다."

- 제오르제타 미르초유

루마니아 남자는 곧바로 공식적인 입양 절차를 밟아 아이를 자신의 아들로 삼으려 했다. 하지만 북한 당국은 이를 허락하지 않았다. 아버지와 아들이 되어 같이 살기로 마음 먹었던 두 사람의 실망은 이루 말할 수 없이 컸다.

북한으로 송환되던 날, 결국 그 아이는 기숙사 담벼락을 넘어 도망을 쳤다. 그것은 전적으로 자신의 의사에 의해서 내려진 결정이었다. 여덟 살 정도밖에 안 되는 남자 아이가 북한으로 돌아가지 않겠다고 기숙사를 탈출한 것이다. 그날은 기숙사에 머물던 수백 명 아이들이 기차를 타고 북으로 돌아가기로 계획된 날이었다. 아이는 기차가 출발하기 직전 담을 넘어 도망쳤다. 당시 아이들이 머물던 학교는 하첵이라는 곳에 있었는데, 아이는 걸어서 산속을 향해서 10킬로미터 정도를 도망쳤다.

북한 교사들과 감독관들은 어떻게 든 도망친 아이를 찾기 위해 혈안이 되었다. 개인 행동은 용납할 수 없는 반역 행위였다. 교사들은 기차를 타기 위해 기다리고 있던 모든 북한 아이들을 풀어서 도망친 아이를 찾아오라고 명령을 내렸다. 몇 시간 뒤 아이가 산속에 숨어 있다는 사실이 알려지고 도망친 아이는 결국 다시 학교로 붙잡혀 돌아왔다.

"아이들 모두가 북한으로 돌아간다고 예쁘게 유니폼을 차려 입었는데, 도망 친 아이를 찾기 위해서 사방팔방으로 돌아다녀야 했습니다. 그날은 날씨도 흐리고 나중엔 비까지 내렸습니다. 빗줄기에 땅이 젖어 진흙탕을 헐레벌떡거리며 수백 명 아이들이 도망친 아이를 찾아 나선 것입니다. 결국 그들은 숲 속에 숨어 있던 아이를 찾아냈습니다.

학교로 와서 보니까 아이들 모두가 북한으로 돌아갈 때 예쁘게 차려 입은 옷이 진흙탕에 더러워지고 온몸이 땀으로 범벅이 되어 있었습니다. 갑자기 아이들이 화가 났는지 도망친 아이를 둘러싸고 때리기 시작했습니다. 발로 차고 주먹으로 얼굴을 때리면서 집단적인 린치를 가해도 교사들 중 누구 하나 말리는 사람이 없었습니다. 얼마나 심하게 때렸는지 아이의 다리가 부러졌습니다.

결국 그 아이는 제대로 치료도 받지 못하고 북한으로 끌려갔습니다. 북한으로 돌아간 뒤 아이들이 전하는 소식에 의하면 그 아이는 불구자가 되었다고 합니다. 아마 평생 불구의 몸으로 살아갔을 것입니다."

- 제오르제타 미르초유

불가리아 유학생
집단 망명 사건

잔인한 시절이었다. 1960년대 초반이 되면서 북한 유학생들의 탈출 사건도 이어진다. 가장 대표적인 것은 불가리아에서 있었던 북한 유학생들의 집단 망명 사건이었다. 1962년 8월 이상종 씨를 포함한 북한 유학생 4명이 불가리아에서 망명을 선언한다. 김일성 독재 체제에 반대하는 것이 주된 이유였다. 불가리아 소피아 대학에서 유학 중이던 네 사람은 감시를 틈타 서방으로 망명할 것을 결의한다.

하지만 사전에 망명 계획이 새어 나가고 4명의 유학생들은 북한 첩보원들의 손에 의해서 검거된다. 북한 당국은 이들 4명에 대한 즉각적인 귀국 명령을 하달한다. 하지만 유학생 4명은 명령을 어기고 감금되어 있던 북한 대사관을 탈출한다. 이들이 도망친 곳은 소피아 인근에 있는 비토샤 산이었다. 그들은 밤새 추위와 싸우면서 며칠 동안을 산속에서 버티다 결국 북한 정보원들에 의해 체포되었다. 그리고 즉시 불가리아 주재 북한 대사관에 억류당했다.

이런 상황이 외부로 알려지고 불가리아 정부가 북한 유학생들의 망명을 허용하는 초유의 사건이 발생한다. 북한 대사관에 감금되어 있던 4명의 유학생들은 결국 풀려나서 불가리아 정부의 보호를 받게 된다. 이 사건으로 북한은 불가리아와 외교 관계를 전면적으로 단절하는 조치를 취한다. 북한 입장에서는 외국에 나가 있는 북한인 유학생들의 잇다른 망명을 우려한 조치였다. 그 결과 북한과 불가리아는 무려 6년 동안 외교 관계가 단절되는 상황으로 이어졌다.

"이런 일들이 발생한 여러 가지 이유가 있겠지만, 그중 한 가지는 1960년대가 시작되면서 김일성은 소련을 포기하고 중국의 마오쩌둥과 긴밀한 관계를 유지하려 했다는 점입니다. 소련의 영향 아래 있었던 동유럽과의 관계는 좋을 수가 없었죠. 북한 당국이 불가리아와 외교 관계를 단절하면서까지 강력히 항의한 것은 유사한 망명 사건들이 계속 발생할 것을 우려했기 때문입니다. 하지만 실제로 김일성은 당시 유럽 영향을 받은 유학생들이 북한에 들어오는 것을 원하지 않았습니다. 왜냐하면 자신만의 방식대로 북한을 통치하려고 했던 김일성 입장에서는 거추장스러운 존재들이었기 때문입니다."

– 조단 바에프, 불가리아 역사학자

불가리아 정부는 망명을 신청한 4명의 북한 학생들에게 시민권을 부여했다. 그들에게는 매우 수준 높은 교육과 생활이 보장되었다. 유학생들 중 한 명이었던 이상종 씨는 불가리아 여성과 결혼해서 자식을 낳고 평생 동안 불가리아에서 살다가 2014년 사망한 것으로 알려지고 있다.

그 밖에도 기술자로 불가리아에 왔던 북한인 한상직 씨는 불가리아 여성과 만나 사랑을 나누다 결혼을 했다. 불가리아 정부는 자국 여성과 결혼한 한상직 씨에게 시민권을 발급해줬고, 덕분에 한상직 씨는 망명이라는 극단적인 선택을 피할 수 있었다. 하지만 대신에 그들 두 사람은 북에 남겨둔 부모 형제들과 생이별을 해야 했다. 북한은 이들의 입북을 허락하지 않았다. 취재 과정에서 나는 우연히 한상직 씨의 사위 미트코 니콜로프 씨를 만날 수 있었다. 소피아에서 그리 멀지 않은 반키야에 살고 있는 니콜로프 씨는 아직도 장인에 대한 좋은 추억을 간직하고 있었다.

"장인 한상직 씨는 정말 좋은 사람이었습니다. 북한 유학생 탈출 사건으로 망명했던 이상종 씨와는 동병상련의 마음으로 늘 친구처럼 지냈습니다. 설날이나 추석 때는 가족들이 같이 모여서 제사도 지내고 함께 음식도 나눠 먹었습니다. 그때만 해도 두 사람은 불가리아에 남아 있던 유일한 북한 사람이었습니다. 북한에 가족들도 있어서 항상 그들이 보고 싶다고 말을 했습니다. 죽기 전에 고향에 한 번이라도 가보고 싶다고 말했는데, 결국 장인은 고향 땅을 밟지 못하고 돌아가셨습니다."

- 미트코 니콜로프, 한상직의 사위

불가리아 유학생 망명사건의 주역 이상종(뒷줄 오른쪽 끝)과 한상직(뒷줄 맨 왼쪽). 두 사람은 북한을 떠나 불가리아에서 가정을 꾸리고 정착했다. 두 사람 모두 두 번 다시 북한 땅을 밟아 보지 못했다.

불가리아 북한 유학생 탈출 사건은 북한 첩보원들에게 두 번이나 체포되는 수모를 겪으면서도 끝내 자유를 향한 탈출을 포기하지 않았던 용기 있는 사람들에 관한 이야기였다. 동시에 가족 간의 사랑과 개인적인 감정까지도 억압하고 통제하려 했던 북한 정권의 잔인한 속성들을 잘 보여준 사건이었다. 자유를 선택한 그들에게는 더 이상 돌아갈 고향도 조국도 없었다.

1962년 북한
폐쇄의 해

1950년부터 1960년대 초반까지 북한에서는 과연 어떤 일이 벌어졌던 것일까? 그 시기는 오늘날 북한의 현재, 그리고 앞으로 다가올 미래를 이해할 수 있는 열쇠들이 숨겨져 있다. 이 시기를 제대로 이해하지 않고서 현재 북한 사회를 정확히 이해하는 것은 불가능하다. 공교롭게도 북한 전쟁고아들이 유럽에 머물고 있었던 10년 세월 동안 북한 내부에서는 현대사의 굵직한 사건들이 계속해서 일어났다.

다른 한 편으로 그 시기는 북한에게 커다란 변화와 도전의 시기였고 가능성의 시대였다. 만약 북한이 김일성 일파의 독단적 정치 체제 대신 사회주의 연대의 길로 나아갔다면 세상은 많이 달라졌을 것이다. 그런 점에서 이 시기를 올바로 접근하는 것은 결국 김일성 유일 사상 체계가 왜 생겨났고 아직까지도 북한 사회에서 위력을 떨치고 있는지 이해할 수 있는 단서들을 제공한다.

　남의 나라에 자기 아이들을 맡기는 어려운 형편 속에서도 북한은 아이들의 사상 교육만큼은 철저하게 시켰다. 오로지 김일성 숭배를 위한 목적이었다. 주체 사상이 확립되지도 않은 시점에서 루마니아에서는 주체를 강조하는 맹아적 움직임들이 존재했다. 아이들은 열병과 제식 훈련을 통해 김일성의 작은 군대로 키워졌다. 소련은 그 아이들이 스탈린의 아이들이 되기를 원했지만, 결국엔 김일성의 아이들로 자라났다. 하지만 정작 김일성은 유럽 물을 먹은 북한 전쟁고아들을 그냥 내버려둘 수 없었다. 자유로운 사상과 개인주의는 결코 용납될 수 없는 가치들이었다. 그것이 아이들이 갑작스럽게 북한으로 송환되어 바람처럼 사라진 이유였다. 김일성에게는 자신의 정권을 강화하기 위한 목적이라면 자식도 버릴 수 있는 존재였다.

　1만 명에 가까운 북한 전쟁고아들의 존재가 왜 아직도 북한 내부에서 제대로 인정받지 못하고 공식적인 역사적 기록 속에 등장하지 않고 있는지를 설명하는 단서들이다. 1960년대부터 1980년대 후반까지 남과 북은 체제 경쟁에 돌입했다. 그 과정에서 남한 정보 당국의 첩보망 속에도 동유럽 북한 전쟁고아들의 존재는 포착되었다. 공교롭게도 남한이 북한 아이들의 존재를 감추려 했던 것은 전쟁고아 뒷처리 문제에서 일종의 열등감을 지니고 있었기 때문이었다. 북한과 달리 그동안 남한은 전쟁고아 문제를 해외 입양을 통해 해결해 왔다.

"남한은 '홀트'를 통해 입양을 보냈고, 북한은 사회주의 국가에 위

탁교육을 시킨 것이죠. 남한은 양부모를 만들어 주었고, 북한은
삼촌 집에 잠깐 맡긴 격입니다."

- 이해성, 폴란드 프로츠와프대학 한국어학과 교수

남한의 해외 입양을 통한 전쟁고아 해결 방식은 이후로 수많은 아이들이 입양되는 결과를 낳았다.   오늘날에도 계속 이어지고 있는 고아 수출국이라는 오명의 뿌리가 여기서 시작됐다. 알려진 자료에 의하면 2차 대전 이후 전 세계적으로 50만 명의 아이들이 해외로 입양이 되었다. 그 중에서 약 20만 명 정도가 대한민국 출신들이다. 전 세계 해외입양 아동 중에서 40퍼센트가 대한민국에서 보낸 아이들이란 의미다. 북한 전쟁고아들의 동유럽 위탁교육은 결국 우리가 선택한 해외 입양의 역사를 되돌아보게 만드는 거울 같은 역할을 하고 있다.

한편 북한 입장에서도 전쟁고아들의 해외 이주 역사는 자랑할 것이 못 됐다. 주체의 지상 낙원을 꿈꾸며 모든 외국 사상과 문화를 배척했던 그들 역시 '인민의 자식'을 제대로 키우지 못하고 남의 나라에 맡겼다는 것을 외부에 알리고 싶지 않았다. 그들에게 북한 전쟁고아의 역사는 숨겨져야 할 역사, 은폐되고 시간 속에 묻혀야 할 역사였다.

지금도 계속되는 폐쇄적인 은둔형 국가 운영의 시스템들은 이미 1950년대 후반부터 자리를 잡기 시작했다. 북한이 같은 사회주의를 표방했던 세계의 다른 공산권 국가들과는 완전히 다른 길을 선택하게 된 계기들도 모두 이 시기와 연관이 있다. 이를 좀 더 객관적으로 이해할 수 있는 자료가 최근에 하나 공개되었다. 이른바 1958년 모스크바 대학

교 영화과 북한 유학생들의 집단 망명 사건이 바로 그것이다.

몇 년 전 한 일간지는 1956년 11월 북한 영화의 미래를 위해 선발된 엘리트 지식인들이 모스크바 국립영화대학 기숙사 앞에서 촬영한 오래된 흑백 사진 한 장을 공개했다. 사진 속 주인공들은 모두 북한 국비 유학생들로 장래가 촉망받던 젊은이들이었다. 그들은 이 사진을 마지막으로 영화대학에서 모습을 감췄다. 유학생 전원이 정치적 망명을 시도한 것이다.

이 사건은 한국전쟁 이후 북한 내부에서 벌어졌던 반 김일성 정서가 얼마나 컸는지를 짐작케 하는 대표적인 사건이었다. 소련의 영화대학을 다녔던 유학생 10명 중 무려 8명이 1958년 북한 국적을 버리고 망명을 신청했다. 망명 신청 당시 북한 당국은 그들을 배신자라고 낙인을 찍었지만, 그들은 결코 사회주의 조국을 배신한 적이 없었다. 그들이 배신한 것은 오로지 김일성이었고 그를 따르는 김일성 일파였을 뿐이다. 비록 그들은 망명을 신청했지만, 소련 국적을 얻지는 않았다. 망명 신청자 8명 중에서 6명이 무국적자라는 비참한 운명을 선택했다. 돌아갈 나라도 믿어줄 국가도 없는 떠돌이 방랑자의 삶을 스스로 선택한 것이었다.

그들은 결코 죽을 때까지 사회주의적 이상을 포기하지 않았다. 그들이 포기한 것은 이상이 아니라 우상이 된 인간을 숭배하는 기형 사회였다. 그들은 1950년대 후반부터 일어나기 시작한 북한의 김일성 개인 숭배 사상에 동의할 수 없었다.

1953년 스탈린 죽음 이후 소련에서 더 이상 개인 숭배 사상은 용납되지 않았다. 스탈린식 폭압적인 전제 정치는 수많은 정치적 숙청과 탄

압으로 이어졌다. 결국 스탈린의 공포 정치에 대한 전면적인 비판을 기치로 내건 흐루쇼프와 한반도 북쪽에서 자신만의 왕국을 건설하려고 했던 김일성이 충돌하는 것은 시간 문제였다.

하지만 자칫 냉전 체제 속에서 사회주의 연대에 흠집이 나는 것을 두려워했던 소련 당국은 '청년 망명자'들에게 적극적인 도움을 줄 수도 없었다. 8명의 망명자들이 함께 모여 집단 행동을 벌이는 것을 염려하기까지 했다. 그 결과 8명의 청년들은 각자 드넓은 러시아 대륙 곳곳에 흩어져 살아가야 했다. 그리고 쓸쓸한 비운의 죽음으로 생을 마감했다.

'선진 문명을 습득하고 헌신하기 위해 1952년 떠나온 조국은 얼어붙고 있었다. 유일 정당인 조선노동당 내부에서 계파끼리 견제와 균형을 맞추던 당내 민주주의가 사라졌다. 1955년 12월5일 남조선노동당 박헌영이 처형되고 1956년 6~8월에 중국 출신의 연안파, 소련파들이 숙청되어갔다. 유학생들과 자유스러운 분위기에서 가깝게 지냈던 주 러시아 대사 리상조가 1957년 연안파로 몰려 강제 파직당했다.

북한에 혹독한 겨울이 찾아올 때 공산당 종주국인 소비에트 연방에는 봄이 피어 오르고 있었다. 암살과 처형을 일삼던 스탈린은 1953년 숨졌다. 1956년 2월에 열린 제20차 소련 공산당 전당대회에서 니키타 흐루쇼프가 스탈린 개인숭배를 비판했다는 소식이 유학생들과 북한 엘리트 계층에 스며들었다. 같은 학과인 허웅배는 대학을 떠난 뒤 돌아오지 않고 있었다.

그는 1957년 11월27일 모스크바에서 열린 조선유학생대회에 참석해 김일성 개인숭배를 비판한 뒤 달아났다.

한대용도 허웅배와 같은 입장이었지만 아무 말도 꺼낼 수 없었다. 반대파에 의해 단상에서 끌려 내려온 허웅배는 도주했다. 대사관의 추적과 설득으로 제 발로 대사관에 돌아갔으나 곧 구금되고 말았다.

대사관 화장실 창문을 뚫고 도망친 허웅배는 지하철로 뛰어들어가 역무원에게 도움을 호소했다. 소비에트 연방 당국에 인계된 허웅배는 의과대학 소속인 또다른 유학생이자 연인 최선옥을 데리고 망명했다.'

- 한겨레, 2015.9.5일자

당시 북한은 종파투쟁이 한창이었다. 조금이라도 김일성 우상화 작업에 반대하거나 부정적인 인식을 보이는 사람들은 가족까지 숙청 대상이 되어야 했다. 말 그대로 '부정적인 싹이 보이면 뿌리까지 캐내야 한다'는 입장이었다.

다큐멘터리 취재 과정에서 만났던 폴란드 국가기억원 소속 북한 연구원 실비아 쉬츠는 이런 망명과 숙청의 시기를 거쳐서 북한은 국제 사회와의 연결 고리들을 스스로 완전히 끊어버리는 폐쇄된 국가의 길로 걸어갔다고 주장하고 있다. 북한 내부에서 벌어진 외국인 배척 운동과 주민들의 감시 체제 확립, 사상적 통제 수단으로서 김일성의 주체사상이 본격적으로 태동하는 시기와도 겹친다.

실제로 이런 감시 체제는 1950년대 북한 아이들이 머물렀던 기숙사와 학교에서도 운영되었다. 아이들은 서로서로 말과 행동을 감시했고 수상한 움직임은 즉시 교사와 관리자들에게 보고되었다. 아이들 교육을 위해 파견되었던 교사들 중에서 누가 진짜 교사이고 누가 정보원인지 구별할 수 있는 방법은 없었다.

세계는 이미 자본주의와 공산주의의 블럭으로 갈라지면서 냉전 체제가 시작되었다. 여기에 더 해서 중국이라는 새로운 변수가 국제 정치 질서에 부상하던 시기이기도 하다. 양극 체제에서 중국이 포함된 다극 체제로의 전환은 북한 김일성 입장에서는 자신의 권력을 강화할 수 있는 절호의 기회였다. 김일성은 공산주의 블럭 내에서 벌어졌던 소련과 중국의 사회주의 종주국 쟁탈전 사이에서 교묘하게 양쪽 사이에 두 다리를 걸치며 자신에게 유리한 방향으로 외교 노선을 펼쳤다. 그리고 대부분의 결과는 김일성이 의도했던 대로 이뤄졌다.

1958년 모스크바 대학교 영화과에 다니던 8명의 북한 엘리트들의 집단 망명 사건은 북한 지식인들 사이에 존재했던 김일성에 대한 부정적인 시각이 얼마나 컸는지를 이해할 수 있는 대표적 사례였다.

"1959년부터 북한에서는 모든 형태의 생활과 정치를 외부로부터 차단하는 정책이 시행 되었습니다. 북한에 주재하는 외국 외교관들의 이동이 제한되기 시작하였고 전화는 감청 되었습니다. 외국 외교관들은 심지어 평양 시민과도 직접 접촉할 수 없었습니다.

만약 북한 국민이 우연히 거리에서 유럽 외교관과 만나게 될

경우 당장 대화를 중단하고 관계기관에 내용을 보고 해야만 했습니다. 북한 폐쇄 시대는 그렇게 시작되었습니다."

- 실비아 쉬츠, 폴란드 북한 연구원

제5장 스탈린의 아이들에서 김일성의 아이들로

내 동생 안제이에게
뽀뽀를…

1956년이 지나면서 아이들은 자신들이 이제 돌아가야 할 때가 다가오고 있다는 것을 직감했다. 마치 계절이 바뀌고 떠날 때를 아는 철새들처럼 아이들은 다시 먼 여행을 준비했다. 하지만 어린 나이에 유럽에 와서 새로운 부모와 친구를 얻고 인생의 길잡이가 되어 주었던 스승을 만났던 그들에게 이별은 쉽지 않았다. 그건 자식이나 친구처럼 돌봐 주었던 북한 아이들을 떠나 보내야 했던 동유럽의 교사와 친구들에게도 마찬가지로 힘든 일이었다.

폴란드 프와코비체에서 1,400여 명의 북한 아이들과 함께 생활했던 체육 교사 스타니스와프 바할 씨는 당시 이별의 순간을 이렇게 증언하고 있다.

프와코비체에서 떠날 때 북한 아이들이 북한으로 돌아가는 것을 알고 있었나요?

"알고 있었던 같아요. 갑자기 아이들이 자신들의 사진을 주기 시작했습니다. 일종의 헤어질 때가 되었다는 암시 같은 것이었죠."

그때 기분이 어땠습니까?

"너무 슬퍼서 몸이 아플 정도였습니다."

정이 많이 들었나요?

"그럼요. 가족이나 마찬가지였으니까요."

체코에서도 아이들은 이별을 준비하기 시작했다. 하지만 친 누이처럼 따랐던 마리에 코페치카와 갑자기 헤어진다는 것을 쉽게 받아들일 수 있는 아이들은 많지 않았다. 왜 헤어져야 하는지, 어디로 돌아가야 하는지 그것을 아는 아이들은 없었다. 나이가 어린 아이들은 떼를 쓰며 돌아가지 않겠다고 보채는 경우도 있었다. 그중 몇몇은 북한에 돌아가는 게 싫었던지 일부러 눈밭에 몸을 굴려서 감기에 걸리려고 한 아이도 있었다. 몸이 아프면 유럽에 남을 수 있을지도 모른다고 막연하게 생각한 것이다. 어린아이다운 발상이었다. 하지만 그런 노력도 아무 소용이 없었다.

"아이들이 눈밭에 몸을 굴려서 감기에 걸리려고 했다는 말을 듣고 얼마나 울었는지 모릅니다. 몸살이 나면 북송 열차를 타지 않을 수 있다고 생각을 한 것입니다. 얼마나 가기 싫었으면 그렇게까지 했

겠어요. 하지만 아이들을 붙잡을 수 있는 방법은 없었습니다."

- 마리에 코페치카, 체코 발레치 북한 전쟁고아 교사

폴란드 프와코비체는 동유럽에 머물던 북한 아이들이 수적으로 가장 많이 생활했던 지역이었다. 외부와 차단된 지리적 특성과 순박한 폴란드인들의 정서가 결합되면서 그곳은 마치 무인도와 같았다. 그들은 외부의 간섭을 받지 않고 그곳에 자신들만의 공동체를 만들어냈다. 이 마을에서 함께 살았던 북한 소녀 정영희와 안제이라는 폴란드 아이의 이야기는 피부색과 언어가 달랐던 그들이 얼마나 평화롭고 소박한 행복을 느끼면서 살고 있었는지를 알 수 있는 일화였다.

그 당시 프와코비체 북한 아이들 기숙사에는 주방일을 맡아 보던 플로렌티나라는 여성이 있었다. 어느 날 주방일을 하는 플로렌티나에게 북한 소녀 정영희가 주방일을 돕고 싶다면서 찾아왔다. 십대 초반의 나이였던 정영희는 당시 플로렌티나 씨의 집 근처 기숙사에서 살고 있었다. 큰 언니뻘 되는 플로렌티나를 위해서 정영희는 허드렛일을 하며 주방일을 도왔다. 감자를 깎고 양파 껍질을 벗기고 설거지도 했다. 그렇게 정영희와 플로렌티나는 자매처럼 가까운 사이가 되었다.

몇 년 후 플로렌티나는 결혼을 하고 이듬해 아이를 낳았다. 아이의 이름은 안제이였다. 플로렌티나 씨가 주방일을 하느라 아기를 돌볼 수 없을 때가 많아지자 정영희는 마치 친동생을 돌보듯이 안제이를 돌보기 시작했다. 나중에는 한국식으로 포대를 만들어서 안제이를 업고 다녔다. 유럽 사람들은 아기를 등 뒤에 업어서 키우지 않기 때문에 그녀의

모습은 낯설어 보였다. 하지만 플
로렌티나는 정영희에게 계속 아
기를 맡겼다. 누구보다 정영희가
안제이를 자기 친동생처럼 생각
하고 돌봐줄 것을 믿었기 때문이
었다.

취재 도중 폴란드 프와코비
체에서는 북한 여자 아이가 폴란
드 아기를 두 팔로 꼭 안고 찍은
사진이 하나 발견되었다. 마치 친
형제처럼 다정한 모습이었다. 사
진 속 인물이 누구인지는 나중
에 밝혀졌다. 바로 정영희와 안제
이의 모습이 담긴 사진이었다. 훗
날 북한으로 돌아간 뒤 정영희는
플로렌티나 씨에게 편지를 보낼
때마다 이렇게 묻고는 했다.

폴란드 프와코비체에서 생활했던 정영희라는
이름의 소녀가 친동생처럼 아끼고 사랑했던
아기 안제이. 정영희는 북으로 돌아간 뒤에도
'동생 안제이가 보고 싶다'며 편지를 보내왔다.

'내 동생 안제이는 잘 지내고 있나요? 안제이가 보고 싶습니다. 멀
리서 이제 편지를 마치면서 안제이에게 뽀뽀를 보내요.'

정영희는 안제이를 그리워했다. 부모나 형제가 없는 정영희에게 안

제이는 친동생이었고 가족이나 다를 바 없었다. 사진에 담겨 있던 소녀의 표정은 평화롭고 행복해 보였다. 그들의 모습에는 아무런 목적과 이익을 바라지 않고 순수하게 인간과 인간이 만났던 순간을 떠올리게 한다. 정영희는 북으로 향하는 기차 안에서 폴란드 가족들에게 이렇게 편지를 썼다.

"존경하고 사랑하는 엄마와 아빠에게,

사랑하는 엄마, 아빠, 그리고 남동생과 헤어져서 저는 너무나 슬펐어요. 르브벡(프와코비체의 옛 지명)을 떠나오면서 저는 줄곧 엄마와 아빠를 생각했어요. 이렇게 헤어지다니, 그리고 앞으로 다시는 만날 수 없다는 생각에 가슴이 아픕니다.

저는 제2의 조국 폴란드를 그리고 제가 항상 돌보아주었던 제 남동생 안제이를 결코 잊지 못할 거예요. 창 밖의 아름다운 경치를 보며 이 편지를 쓰고 있어요. 글씨가 엉망이라 죄송해요. 기차가 흔들려서 그래요. 이것으로 짧은 편지를 마칠게요. 안녕.

가족들 모두에게 안부를 전합니다. 기차 안에서 아기 원숭이(정영희의 애칭)가"

- 출처: 유젭 보로비에츠의 기억 속에 남겨진 폴란드 프와코비체 북한 전쟁고아 양육원 이해성, 폴란드 브로츠와프대학 한국어학과 교수

하지만 1962년이 되면서 정영희의 편지는 북한 당국의 검열에 걸려 더 이상 폴란드에 도착하지 못했다. 프와코비체에서 정영희의 편지

헝가리에서는 북한 전쟁고아들의 빠른 유럽생활 적응을 위해 일반 학교에서 헝가리 학생들과 함께
수업을 받았다. 1955년.

를 기다리던 플로렌티나는 그녀의 편지를 기다리면서 60년의 인생을
살았다. 정영희 역시 그토록 보고 싶었던 동생 안제이를 다시 만날 수
없었다. 그들의 아름답고 순수했던 이야기는 그렇게 세월 속에 묻혀
갔다.

과연 무엇이 이들의 순수한 사랑을 가로막은 것일까. 사람에 대한 사랑과 믿음이 상실되어가고 있는 각박한 세상에 비하면 그들의 모습은 너무나 인간적이었다. 전쟁과 비극으로 시작된 인연이었지만 그들의 만남에는 각별한 사연들이 존재하고 있었다. 북한 소녀 정명희가 그토록 보고 싶어했던 안제이는 현재 60대 후반의 나이로 거처는 확인이 되지 않고 있다. 다만 철도 역무원으로 일하다 은퇴를 했다는 말만 들릴 뿐이다.

이별의 순간은
찾아오고

북한에서 온 아이들은 마지막 떠나기 직전 각자 자신들만의 방식으로 유럽에서의 생활을 정리했다. 유럽에서 사귄 친구들과 밤새도록 이야기를 나누고, 자신들을 자식처럼 돌봐 주었던 교사들과 기념 사진을 찍었다. 당시만 해도 사진 한 장을 찍기 위해서는 적지 않은 비용이 들었다. 아이들은 각자 아르바이트를 하거나 함께 돈을 모아서 사진을 찍었다.

폴란드에서부터 마지막 불가리아까지 이어졌던 취재 여정 중에 우리가 발굴한 북한 아이들의 사진만 해도 100여 장에 이른다. 대부분 아이들은 북으로 돌아간 뒤에 편지와 함께 유럽에서 함께 찍었던 사진들을 동봉했다. 아이들은 그렇게 자신을 잊지 말아 달라는 마음을 편지에 담았다. 사진 뒷면에는 그들이 생활했던 유럽에서의 즐겁고 행복했던 추억들에 관한 글들이 고스란히 담겨 있다. 그들이 남긴 짧은 메시지가

강렬한 울림을 주는 이유는 바로 그런 이유였다. '고맙습니다', '잊지 않
겠습니다', '보고 싶습니다'라는 말과 함께 자신의 이름을 새겨 넣었다.
그것이 그들의 진심이었다.

'우리는 어머니 바싸를 영원히 잊지 않겠습니다.'

아이들은 누구나 자신들이 살았던 장소에 대한 추억이 많았다. 짧
게는 5년에서 길게는 10년까지 유럽에서 살았던 아이들이었다. 그만큼
아이들은 정도 많이 들었다. 하지만 유럽의 자유로운 생활 분위기 속에
서도 아이들에게는 자유가 주어지지 않았다. 아이들은 모두 정해진 시
간에 기상을 했고, 함께 식당에서 식사를 했으며 같은 시간에 침대에
들어가야 했다. 그런 모습은 유럽인들의 눈에는 낯선 모습이었다. 집단
주의를 강조하는 교육은 유럽의 공산주의 국가에도 비슷하게 적용되었
지만 그 정도가 달랐다. 예를 들어 10살짜리 아이들에게 실시되었던 제
식훈련과 열병식은 유럽인들의 눈에는 상상할 수도 없는 일이었다. 그
것은 어린 아이들에게 할 수 있는 교육이 아니었다.

하지만 그런 폐쇄되고 집단화된 교육이 강화될수록 유럽의 교사와
친구들은 은밀하게 아이들과 인간적인 정을 나눴다. 부모를 잃은 아이
들을 위해 기꺼이 친구가 되어주고, 그 우정이 발전해서 사랑이 되는 경
우도 있었다. 그런 인간의 감정을 국가나 당이 마음대로 통제할 수는 없
었다. 오히려 불쌍한 처지로 살아야 했던 북한 아이들에게 동정심을 느
끼는 사람들이 늘어났다.

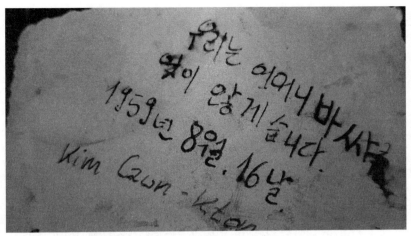
폴란드에서 생활했던 북한 전쟁고아가 북으로 돌아간 뒤 보낸 사진 뒷면의 기록.

"아이들은 슬픔을 가슴에 안고 살았던 것 같습니다. 하지만 남들이 보는 앞에서는 슬픔을 감췄죠. 아마 그렇게 북한 교사들에게 교육을 받았던 것 같습니다. 아이들은 남들이 보지 않는 곳에서 눈물을 흘려야 했습니다. 그래서 더 측은하게 느꼈던 것 같아요. 불가리아에서는 교사들이 불가리아 학생들에게 아이들에게 상처를 줄 수 있는 말을 하지 말라고 지시를 했습니다. 특히 '고아'라는 말은 학교 안에서나 밖에서 절대로 사용하지 말아야 하는 단어였습니다."

- 디앙카 이바노바, 불가리아 교사

가끔씩 유럽의 교사들은 아이들을 데리고 산이나 강으로 나가서 야외수업을 했다. 그렇게라도 해서 아이들 기분을 달래 주려고 했다. 당시에는 수영장 같은 곳이 없었기 때문에 아이들은 주로 강에 나가서 수영을 하거나 물장난을 치며 놀았다. 그러다 사고가 난 적도 있었다. 그날은 불가리아 프로보마이에 살던 리남주라는 10살 정도 된 여자 아이가 다른 아이들과 함께 강에서 물놀이를 하고 있었다.

즐겁게 물놀이를 하고 있던 아이들 사이에서 갑자기 비명 소리가 들렸다. 리남주의 목소리였다. 그녀가 물에 빠져 허우적거리는 모습을 근처에 있던 리현주, 리연주 자매가 발견했다. 두 자매는 아이를 구하기 위해서 신발이나 옷을 물에 막 던졌다. 하지만 속수무책이었다. 힘없는 여자 아이 둘이 물에 빠져 익사 직전에 놓인 사람을 구할 수는 없었다. 결국 물에 빠진 아이는 익사하고 말았다. 그 일로 인해서 불가리아와 북한 교사 모두 큰 충격을 받았다. 마을 분위기도 안 좋기는 마찬가지였다. 어린 아이가 물에 빠져 죽었다는 소식에 모두가 슬퍼했다.

프로보마이 시장은 물에 빠진 아이를 구하기 위해 혼신의 노력을 했던 리현주, 리연주 자매에게 훈장을 주었다. 죽어가는 아이를 구하기 위해 혼신의 노력을 다한 자매는 그 일로 인해서 마을의 유명 인사가 되었다. 그들에게는 100레바의 상금이 주어졌다. 당시로서는 큰 돈이었다. 그런데 리현주 자매는 그 돈을 전부 마을 주민들과 사진을 찍는 데 썼다. 자신을 위해서는 한 푼도 쓰지 않았다. 한창 예쁜 옷을 입고 싶고 맛있는 음식을 먹고 싶을 나이였는데도 불구하고 자매는 사진을 찍는 데 쓰기로 결정한 것이다. 마을 사람들과의 우정을 오래도록 간직하고 싶은 마음 때문이었다. 그것이 북한으로 송환되기 직전 북한 아이들의 심정이었다.

60년이 지난 오래된 일인데도 불구하고 불가리아 친구들이 북한 아이들에 대해서 정확한 기억을 간직할 수 있었던 것도 그런 이유였다. 그들 사이에는 사연도 많았고 그만큼 잊을 수 없는 추억도 많이 생겨났다. 그것은 시간이 지나면서 그리움으로 발전했다. 그리고 그들이 남기고 간 사진을 통해 기억은 사람과 사람 사이를 계속 이어주었다. 불가리아 노인들이 오래전 북한 친구들의 이름은 물론이고 생김새와 성격까지 세밀한 부분들을 기억할 수 있었던 것도 그런 이유였다.

송환
열차

북으로 향하는 송환 열차는 동유럽 생존자들에게는 이별의 아픈 기억으로 마음속에 아로새겨져 있다. 북한 아이들의 송환은 별 다른 예고도 없이 전격적으로 이뤄졌다. 평생 같이 살 것이라 믿었던 가족 같았던 친구들과 영문도 모르는 채 이별해야 했던 유럽 친구들에게 송환 당일의 기억은 아픈 상처로 남겨졌다.

불가리아 프로보마이에서 북한 아이들과 함께 같은 학교에서 공부했던 마리아 야말리에바 씨는 송환 열차를 타고 아이들이 북으로 돌아가기 직전 상황을 이렇게 증언하고 있다. 그녀가 가장 보고 싶어하는 친구는 김진우라는 이름을 지닌 여자 아이였다. 이별을 함께 아쉬워하며 마리아와 김진우는 며칠 동안 울면서 지냈다고 한다.

김진우라는 친구와 마지막 헤어질 때 장면이 떠오르세요?

"어떻게 잊을 수가 있겠어요. 길고 검은 머리카락, 빨간 볼에…. 언제나 밝게 웃는 친구였죠. 가장 친한 친구였어요. 같은 책상에 나란히 앉아서 공부했죠. 짝꿍이었죠. 밥도 같이 먹고 우리 어머니, 할머니와도 잘 지냈어요. 가족과도 같았죠. 그녀와 헤어질 때 굉장히 많이 울었어요. 어느 날 기차가 와서 아이들을 다 싣고 가버렸어요. 그 다음부터는 아무런 연락이 없네요. 많은 시간이 지났지만 아직도 그 친구를 잊을 수가 없습니다."

릴카 아나타소바 씨 역시 송환 당일 있었던 일들을 매우 자세하게 기억하고 있었다. 그녀가 마지막 순간 함께 했던 친구의 이름은 박인숙이라는 여자 아이였다. 릴카 씨는 그날 친구와의 이별이 영원한 작별이 될 것이라고는 상상도 못했다.

"박인숙이라는 친구와 헤어질 때가 기억이 납니다. 그 친구도 이제 늙었겠죠.
저와 동갑이었으니까 지금 77살 정도 됐을거예요."

아직도 얼굴이 기억나세요?

"당연히 기억하죠. 마지막으로 봤던 날도 기억이 나요.
우체국 앞에 있었던 호수 앞에서 같이 호수를 바라보며 찍은 사진도 있었어요. 마지막 날 기차가 출발하기 전에 한 시간 동안 같이 얘기도 했어요."

무슨 얘기를 나누셨어요?

"세월이 정말 많이 흘렀기 때문에 정확한 대화는 기억이 잘 안나요. 우리가 함께했던 지난 날들을 하나하나 추억하며 다음에 만나자고 약속했어요. 다시 만나면 정말 좋을 것 같다고 얘기했죠. 하지만 안타깝게도 다시 만나지는 못했죠."

- 릴카 아나타소바

1959년 불가리아에서 북한 아이들의 송환 작업은 군사작전처럼 진행되었다. 코흘리개 장난꾸러기 소년들이 콧수염이 날 정도로 청년이 되었고 단발머리 소녀들은 어엿한 숙녀로 자랐을 만큼 긴 세월이었다. 그 세월을 함께 자라고 생활했던 유럽의 친구들에게 갑작스런 이별은 충격이었고 슬픔이었다.

아이들은 처음 올 때처럼 그렇게 떠나갔다. 언제 다시 돌아온다는 기약도 없이 다시 만나자는 약속 만을 남긴 채 아이들을 실은 시베리아 횡단 열차가 아시아의 동쪽 땅 평양을 향해서 서서히 움직이기 시작했다. 그것이 아이들의 마지막 모습이었다.

"사람들이 있는 그대로 역사를 기억해줬으면 좋겠습니다. 사람과 사람이 만난 것입니다. 그 사이에서 사랑과 우정, 휴머니즘이 싹 튼 것입니다. 그들의 이야기는 정치나 프로파간다보다 더 큰 힘을 가지고 있습니다. 그들의 삶은 마치 무인도에서의 생활 같은 것이었습니다.

무인도에 사는 사람들처럼 외부와 떨어져서 순수하게 사람들끼리 만난 것이죠. 그들은 같이 있었기 때문에 외롭지 않았고 행복할 수 있었습니다. "

- 욜란타 크리소바타, 폴란드 저널리스트

이미 10년 가까운 긴 시간을 동유럽에서 생활했던 아이들에게 이 제 그곳은 또 하나의 고향이었다. 아이들이 떠났던 순간으로부터 많은 시간이 흘렀지만 유럽에는 아직도 그들을 그리워하는 사람들이 있다. 나는 취재를 이어가면서 북으로 돌아간 아이들이 이런 사실을 모르고 평생 살았을 것을 생각하니 마음이 안타까웠다. 아이들은 두 번 다시 그곳에 오지 못했지만 그래도 세상을 마감하는 순간까지 유럽의 파란 하늘을 그리워하지 않았을까? 어쩌면 그 아이들의 마음속에는 영원히 '두 개의 고향'이 존재하고 있지 않았을까. 그렇게 '두 개의 고향'을 가슴 에 품고 평생을 살지는 않았을까 싶다.

김일성은 아이들의
귀환을 두려워했다

송환 과정에는 유럽에서 생활했던 아이들을 이해할 수 있는 많은 단서들이 숨겨져 있다. 유럽식 사고방식, 자유에 대한 갈망, 특히 1950년대 중반부터 불어 닥친 동유럽 반 소비에트 물결은 자신만의 왕국을 건설하려 했던 김일성 입장에서는 여간 불편한 일이 아니었다. 자유로운 유럽식 가치관을 지닌 1만 명의 아이들을 그냥 내버려둘 경우 발생할 수 있는 위험 요소들을 김일성으로서는 사전에 차단해야 했다.

김일성이 일시에 모든 아이들을 북으로 송환한 배경에는 자신만의 유일사상 체계에 기초한 사회를 만들겠다는 야심이 깔려 있었다. 그는 만약 아이들을 유럽에 내버려 둔다면, 그들 중 상당수가 자신의 체제에 반기를 들 것이라 생각했다. 그렇다고 무조건 원칙 없이 북한으로 송환하는 것도 위험하긴 마찬가지였다. 그것은 북한 내부에 반 김일성 혁명

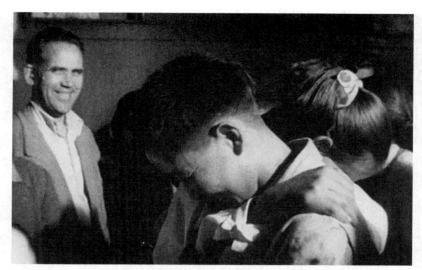

1959년 불가리아에서는 북한 전쟁고아들을 싣고 평양으로 향하는 송환열차가 운행을 시작했다.
열차에 오르기 직전 마지막 포옹으로 작별의 정을 나누는 아이들

세력의 싹을 키우는 일이기도 했다. 유럽에서 일어나고 있는 자유화 운동에 물든 1만 명의 반체제 세력들을 어떻게든 단속할 필요가 있었다. 김일성은 이번에도 이중적인 외교적 제스처를 취한다. 겉으로는 인도주의적인 면모를 과시하면서 실제로는 아이들을 감시하고 통제하는 작업이 동시에 이뤄진 것이다.

폴란드의 교사 스타니스와프 바할 씨가 아이들로부터 받은 편지에는 아이들이 어떤 과정을 거쳐서 북으로 돌아갔는지에 대한 자세한 이야기가 쓰여 있었다. 이것은 북으로 돌아간 다음 아이들이 어떻게 북한 사회에 정착했는지 짐작할 수 있는 단서들이다. 아이들은 북으로 돌아가는 순간부터 철저한 감시와 멸시 속에 살아야 했다. 그런 작업은 아이들을 태운 기차가 중국과 북한의 국경을 넘는 순간부터 시작됐다.

"기차가 북한과 중국 국경을 통과하자마자 갑자기 간이역에 정차 해서 아이들을 내려놓기 시작했습니다. 아이들은 폴란드에서처럼 함께 지낼 수 없었습니다. 아이들의 편지에는 그들이 북한 전역으로 뿔뿔이 흩어졌다고 적혀 있었습니다. 아이들을 각각 역에 따로 따로 내려놓은 것이죠. 모든 아이들이 함께 있을 수 없도록, 이 역

북한 아이들을 싣고 떠나는
송환열차. 북한 전쟁고아들은
역까지 배웅 나온 불가리아
학생들과 아쉬운 작별을 했다.
(1959년, 소피아)

에는 두 명, 저 역에는 또 몇 명을 내리도록 한 것입니다. 아이들은
유럽에서 항상 함께 생활을 했습니다. 김일성은 애초에 아이들이
북으로 들어가는 순간부터 그렇게 뿔뿔이 분산시키려고 계획했던
것 같아요."

– 스타니스와프 바할, 폴란드 교사

유럽에서 오랫동안 기숙사에서 공동생활을 했던 아이들이었지만, 막상 북한에 들어와서는 함께 생활할 수 있는 기회가 없었다. 심지어 두 번 다시 친구들의 얼굴을 보지 못하는 경우들도 많았다. 철저한 분리와 감시가 아이들에게 가해졌다. '외국 문물과 사상에 물든 반혁명적 존재', 그것이 아이들에게 찍힌 낙인이었다.

결국 아이들은 탄광이나 광산 같은 노동 현장에 배치되었다. 평생을 그곳에서 비참한 삶을 살다 생을 마쳐야 했다. 10년이나 되는 긴 시간 동안 배웠던 선진적인 유럽의 기술과 문화를 북한 사회 발전을 위해 활용해볼 수 있는 기회는 없었다. 그들은 태어나고 자랐던 고향에 돌아왔지만, 더 이상 그곳은 그들이 꿈꿨던 고향은 아니었다. 그들은 마음 속에 품었던 '두 번째 고향'을 그리워하며 평생을 살아가야 했다.

평양에서 만난 북한 전쟁고아

유럽에서 아이들이 떠난 뒤 유럽 친구들과 교사들이 느꼈던 상실감은 상상을 초월했다. 편지를 통해서라도 그들과 어떻게든 연락을 이어가려고 노력했고, 서신 왕래가 끊긴 다음부터는 가슴속으로 추억을 간직하려고 노력했다. 폴란드 북한 대사관에서는 은밀한 방법으로 폴란드에 머물던 북한 아이들과 폴란드 현지인들을 연결해주기 위해 접촉을 시도했다. 당시 폴란드가 북한 전쟁고아들 행적 찾기에 적극적이었던 것은 그만큼 많은 수의 폴란드인들이 아이들의 행적에 관해서 문의를 했기 때문인 것으로 보인다.

폴란드인들에게 북한 전쟁고아들은 한 가족이나 마찬가지였다. 그렇게 애정을 갖고 돌봐 줬던 아이들이 어느 한순간에 북으로 돌아가서 연락이 끊겼다는 사실을 그들은 납득할 수 없었다. 가족처럼 살고 있던 사람들, , 그들 중에는 사랑해서 결혼까지 한 사람들도 있었다. 단지 당과 국가를 위해서 개인이 희생되어야 한다는 사실을 이해할 수 있는 유럽인들은 그리 많지 않았다.

"저는 북한의 교육을 용서하기가 정말 쉽지 않습니다. 그들은 아이들에게 첫 번째가 국가, 두 번째가 당을 위해 살아가라고 가르치고 있습니다. 맨 마지막 세번째가 가족입니다.

그런 가치관에 의해서 조정호는 탄광으로 보내졌고 가족이 아니라 국가와 당을 위해서 살아야 했습니다. 폐병을 갖고 있었음에도 불구하고 남편은 탄광 생활을 했습니다. 결국 당을 위해서 자신을 희생해야만 했습니다."

- 제오르제타 미르초유, 북한인 남편을 기다리는 루마니아 여인

최근 폴란드에서는 1963년 경 폴란드 대사가 평양에 부임한 뒤 자신의 낯선 평양 생활 기록을 모아서 외교 문서로 정리한 자료가 공개되었다. 그 자료는 이미 오래 전부터 평양 주재 폴란드 대사관 차원에서 북한 고아들에 대한 행적을 찾는 작업이 은밀하게 진행되고 있었음을 알게 해준다. 특히 그 기록물에는 폴란드 대사가 평양 거리에서 우연히 한 아이를 만나 대화를 나눈 이야기가 등장한다.

어느 날 폴란드 대사가 평양 거리를 걷고 있을 때였다. 갑자기 한 젊은 청년이 폴란드 대사를 향해서 달려왔다. 그러고는 다짜고짜 "당신 폴란드에서 왔습니까?"라고 물었다. 갑작스러운 청년의 출현에 폴란드

대사는 당황했다. 그런데 가만히 듣고 보니까 그 북한 청년의 언어는 한국어가 아니라 폴란드 말이었다.

대사는 폴란드어를 하는 북한 청년을 만났다는 사실에 깜짝 놀랐다. 억양도 북한 사람이 말했다고는 믿어지지 않을 정도로 거의 완벽한 폴란드 말이었다. 대사는 청년에게 다가가 물었다. "어떻게 폴란드 말을 그렇게 잘하죠? 북한에서 당신처럼 폴란드 말을 잘하는 사람은 처음 보네요." 그러자 북한 청년은 폴란드어로 이렇게 대답했다.

"저는 어릴 적에 폴란드에 살았던 적이 있습니다. 거기서 폴란드 선생님들에게 배웠습니다."

폴란드 대사는 북한 청년이 폴란드에서 살았다는 말에 깜짝 놀랐다. 1960년대 북한의 아이가 폴란드에서 생활할 수 있는 경로는 오직한 가지밖에 없었다. 바로 북한 전쟁고아 프로젝트를 통해 동유럽에 이주한 경우밖에는 다른 방법이 없었다. 폴란드 대사는 그동안 자신이 찾고 있던 북한 전쟁고아가 눈앞에 서 있다는 사실이 믿기지 않았다.

폴란드 대사가 북한 청년과 좀 더 오래 이야기를 나누기 위해 팔을 잡는 순간이었다. 청년은 대사의 팔을 뿌리치면서 어디론가 도망을 치기 시작했다. 폴란드 대사는 청년을 쫓아 뛰어갔다. 하지만 워낙 빠른 걸음으로 달려가는 청년을 붙잡을 수는 없었다. 그가 멀리 사라져가는 뒷모습을 보면서 폴란드 대사의 머리는 복잡해졌다. '그는 왜 나에게 다가왔을까?', '어쩌면 그 청년은 폴란드 말이 하고 싶었던 것은 아니었을

까?', '그만큼 폴란드가 간절히 그리웠던 것은 아닐까?'

그날 이후 폴란드 대사는 그 청년의 모습을 잊을 수가 없었다. 비록 짧은 만남이었지만, 청년은 오랜만에 폴란드 말을 하며 옛 추억을 떠올렸을 것이다. 같이 공부했던 친구들, 부모와도 같았던 선생님들, 그들과 함께 했던 소중한 추억을 떠올리며 청년은 행복한 상상을 하지 않았을까. 그리고 어쩌면 청년은 폴란드에 살고 있는 선생님과 친구들의 안부를 묻고 싶었던 것은 아닐까.

폴란드 대사는 그날 청년을 통해 많은 것을 깨달을 수 있었다. 폴란드 말을 했던 북한 청년처럼 불가리아, 루마니아, 체코, 헝가리 말을 잘하는 사람들이 북한 땅 어딘 가에 살고 있으며, 그들에게는 분명 다시 돌아가야 할 마음의 고향이 있다는 사실을 말이다. 그런 마음으로 그는 자신이 경험했던 이야기들을 기록에 남겼다. 훗날 누군가 그들을 찾게 된다면 도움이 되길 바란다는 메시지와 함께……

과연 김일성이 말했던 인민들이 평등하고 행복하게 사는 지상 낙원은 어디였을까. 실제로 김일성은 북한 주민들이 외국 사람들과 접촉하는 것을 금지했다. 조금이라도 서구 자유주의 사상에 물드는 것을 방지하기 위한 조치였다. 길거리에서 외국인과 말 한 마디 나누는 것조차도 감시의 대상이었다. 사랑이나 우정조차도 김일성 체제를 유지하는데 불리할 경우에는 가차없이 처벌을 받게 되는 현실, 그것이 1960년대 북한의 현실이었다. 모든 외국인과의 대화는 도청이 되었고 사람들은 말 한 마디 때문에 숙청되거나 정치범 수용소에 끌려가야 했다.

이런 외국인 배척 사상은 김일성의 일당 독재, 우상화 작업과 맞물려 돌아갔다. 오늘날 우리가 결코 이해할 수 없는 북한 사회의 폐쇄되고 비정상적인 체계들은 모두 이 시기부터 틀을 잡기 시작했다. 북한의 외국인 배척 사상은 순혈주의에 대한 집착으로 이어졌다. 이런 순혈주의는 오늘날까지도 북한 사회를 지배하고 있다. 피의 순수성을 강조하는 사상이 얼마나 잔인한 결과를 불러왔는지 이미 인류는 나치로부터 많은 경험을 했다. 그런 배타적인 순혈주의가 북한 사회를 지배하고 있다는 사실이 놀라울 뿐이다.

북한에 있는 친구에게 전하는 마지막 메시지

북한 전쟁고아들이 유럽에 머물렀던 시간으로부터 70년이 지났다. 이제 당시의 기억을 간직하고 있는 사람들은 대부분 세상을 떠난 상태다. 이번 취재를 통하여 12명의 생존자들을 찾아낼 수 있었던 것은 다행스러운 일이었다. 체코의 발레치, 폴란드의 프와코비체와 오트보츠크에서 북한 아이들을 가르쳤던 3명의 교사, 불가리아에서 북한 아이들과 함께 같은 학교에서 수업을 받고 함께 뛰어놀았던 6명의 동창생과 1명의 교사, 그리고 루마니아의 제오르제타 미르초유 씨를 찾아낼 수 있었던 것은 이번 취재를 통해 얻은 가장 큰 소득이었다. 그들을 통해 1950년대 동유럽에 살았던 북한 아이들의 모습에 최대한 가까이 접근할 수 있었다.

세월은 어쩔 수가 없는 것. 그들 모두는 이제 80대 전후의 고령자들로서 대부분 거동이 불편한 상태에 있다. 그래도 그들을 찾아내고 그들의 생생한 증언을 다큐멘터리 영화로 기록에 남길 수 있었다는 것은 큰 행운이었다. 어쩌면 시간이 조금만 늦었어도 그들의 기억을 기록에 옮기는 일은 불가능했을 것이다.

나는 마지막 촬영을 위해 불가리아의 프로보마이로 향했다. 그곳에는 7명의 불가리아 노인들이 인터뷰를 하기 위해서 기다리고 있었다. 팔순에 가까운 고령에도 불구하고 그들 모두는 끝까지 인터뷰 촬영에 최선을 다했다. 제대로 서 있을 수조차 없을 만큼 쇠약해진 몸에도 불구하고 그들은 마지막 순간까지 포기하지 않았다. 마치 가슴에 응어리진 한을 토하듯이 자신들의 모든 기억을 쏟아냈다. 그들은 자신들의 증언이 마지막 기록이 될 것임을 잘 알고 있었다. 그 숭고한 순간과 함께 할 수 있었던 것이 지금 돌이켜 보면 나에게는 큰 영광이었다.

불가리아에서 북한 아이들과 함께 공부하고 뛰어놀았던 친구들과의 인터뷰를 마지막으로 모든 다큐멘터리 촬영도 끝이 났다. 동유럽 곳곳에 숨겨진 1950년대 북한 전쟁고아들의 행적을 찾아 떠났던 긴 여행이 그렇게 마무리가 되어갔다. 나는 그들에게 만약 북한에 살아 있을지도 모르는 친구들을 위해서 메시지를 남겨 달라고 부탁을 했다.

한 사람 한 사람씩 카메라 앞에 앉아 마치 친구들이 눈앞에 있는 것처럼 마지막 메시지를 남겼다. 북한에 있는 친구들이 이 영화를 통해 혹시라도 메시지를 전달받을 수도 있을지 모른다는 희망이 그들로 하여금 끝까지 최선을 다하게 했다.

만약 이 영화가 북한에 들어갈 수 있다면, 영화에 등장하는 옛날 동유럽 친구들이 전하는 메시지를 분명히 그들도 볼 수 있지 않을까. 북한 땅 어디에선가 그들의 얼굴, 그들의 목소리를 기억하는 이가 있지 않을까. 나는 그렇게 실낱같은 희망을 품으며 그들의 목소리를 카메라에 담았다.

"헤어질 때 다시 만나자고 꼭 불가리아에 다시 놀러 오라고 했지만 아무런 연락이 없었어요. 같이 행복한 미래에 대해서도 이야기하고 그랬는데, 무슨 일이 일어났는지 소식이 없네요."

"내 친구야, 네가 살아 있다면 제발 나에게 연락을 주길 바래. 나에게 연락을 줄 수 있는 방법을 찾길 바래. 나도 너의 안부가 무척이나 궁금하구나. 난 너의 건강한 삶과 행복과 성공을 언제나 빌어."

"가장 처음 만난 한국 친구는 최병호였습니다. 마른 아이였어요. 그와 정말 친하게 지냈어요. 한글과 한국말을 나에게 알려주기도 했습니다. 그 친구 최병호에게 안부를 전합니다. 병호야… 혹시 네가 살아있다면 나의 안부를 꼭 받을 수 있기를 바란다. 네가 우리 집에 왔던 거 기억나니? 우리 집을 재미있게 구경하던 네 모습이 기억나는구나. 우리가 사는 모습을 신기해했었지. 우리 모두 다 비슷한 사람인데 말이야. 세월이 참 빠르구나. 언제 우리가 이렇게 나이가 들었는지…"

"사랑하는 친구야, 우리가 서로 헤어진 뒤 너와 연락할 방법이 없어 정말 슬프구나. 하지만 너와 함께 했던 추억들, 우리가 함께했던 찬란한 어린 시절을 절대 잊지 못할 거야."

"낙원아, 네가 건강하길 바래. 그리고 죽기 전에 널 꼭 만나고 싶구나. 박인숙과 전낙원 이 둘에게는 그들을 잊지 않았다고 전해 주고 싶어요. 제가 살아있는 한 잊지 않을 거에요. 그들이 건강하길 빌어요. 행복한 삶을 살길 바래요. 자손도 많이 낳고요. 그들이 어렸을 때의 모습과 같은 아이들로 말이죠. 그 당시 코레아에서 온 아이들은 정말 좋았어요."

"원청동 군에게 진심으로 인사를 보냅니다. 그의 성공과 건강을 기원합니다. 다시 한 번 꼭 만났으면 좋겠습니다."

- 스타니스와프 바할, 폴란드 교사

"김영학 군에게 폴란드로부터 가장 아름다운 인사를 보낸다. 오트보츠크에서 초등학교 다니던 시절을 아직 기억하고 있니? 너는 나에게 있어 최고의 학생이었다. 너의 선생님으로서 항상 너의 건승을 빈다."

- 할리나 도벡, 폴란드 교사

"북한에 있는 너희들 모두에게 전한다. 혹시 우연히 이 영화를 보게 된다면, 그리고 건강하게 잘 살아있다면, 너희들 모두 100살 넘게 건강하게 살길 바래. 우리도 건강하게 살고 있을 게. 그래야 다시 만날 수 있잖니. 그럼 다시 만날 때까지 모두들 안녕!"

- 영화 '김일성의 아이들' 중에서

북에서 온
편지들

북으로 돌아간 아이들에게 유럽의 집과 가정은 고향이었다. 아이들은 편지에 '고향에 계신 엄마, 아빠에게'라는 제목을 달았다. 그만큼 그들은 가족처럼 서로를 생각했다. 편지는 그들에게는 삶을 지탱해주는 유일한 낙이었고 다시 만날 수 있을 것이라는 희망이었다. 갑작스런 서신 교환 중단은 북으로 간 아이들에게도 유럽의 교사와 친구들에게도 큰 충격이었고 고통이었다.

그들이 남긴 편지를 공개하는 이유는 그 편지 봉투에 적혀 있었던 아이들의 주소 때문이다. 훗날 아이들의 행적을 찾을 기회가 온다면, 분명 편지 봉투에 남아 있는 주소들은 소중한 자료가 될 것이라 믿는다.

"처음에 아이들이 북으로 돌아간 해에는 아이들과 자유롭게 편지

를 주고 받을 수 있었습니다. 그때는 북한에서 온 아이들의 편지가 다발로 쌓여 있었어요.

하지만 1,2년이 지나자 북으로부터 서신 교환 금지 명령이 내려졌다는 소식을 듣게 되었습니다.

아이들이 편지 속에 북한 사회에 관한 불미스러운 내용을 썼기 때문입니다."

– 스타니스와프 바할, 폴란드 교사

"아이들은 북으로 돌아가서 어떻게든 자신들의 폴란드 부모님들과 연락을 취하려고 했습니다. 그것이 1959년 폴란드에서 북한으로 돌아간 이후 서로 다른 환경 속에 살면서도 아이들이 갖고 있던 공통된 생각이었습니다. 그들은 모두 폴란드에서 가까이 지냈던 사람들에 대한 이별의 아픔에 시달렸습니다. 어떤 아이들은 빨리 트라우마를 극복하기도 했지만 대부분은 몇 년 동안 향수병과 그리움을 견뎌야 했습니다. 일부는 좌절감과 상실감에 빠져 벗어나지 못하기도 했습니다."

– 실비아 쉬츠, 폴란드 북한 연구원

'보고 싶은 아빠에게'

아빠, 잘 지내시나요? 우리들도 잘 지내고 있어요.

어젯밤에는 아빠 꿈을 꾸었습니다.

가끔은 그렇게 아빠의 모습을 꿈에서 볼 때가 있어요.

그럴 때는 정말 집에 돌아가고 싶어서 견딜 수가 없습니다.

언젠가 만나러 갈 날이 있겠죠? 그때까지 건강하게 안녕히 계세요.

저희도 열심히 공부하고 일하면서 아빠를 만나러 갈 때까지 열심히 살겠습니다.

아빠와 살았던 순간은 평생 잊지 못할 것 같아요.

그럼 오늘은 이만 줄일게요. 고향에 계시는 아빠에게….

- 북에서 온 편지

1959년 북한으로 돌아간 뒤부터 1962년까지 폴란드에서 살았던 많은 북한 아이들은 편지 마지막에 항상 잊지 않고 쓴 말이 한 가지 있었다. 그 말은 다음과 같았다.

'아버지, 어머니 저희를 폴란드로 데려가 주세요'

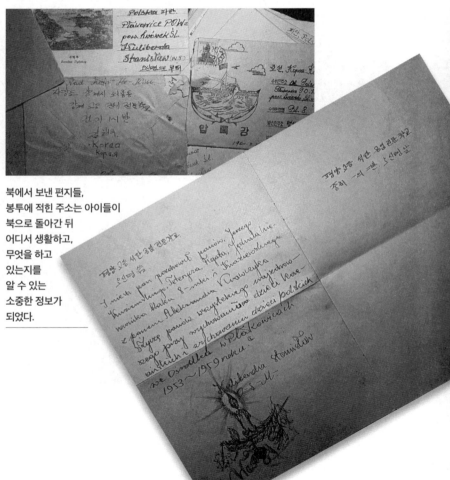

북에서 보낸 편지들,
봉투에 적힌 주소는 아이들이
북으로 돌아간 뒤
어디서 생활하고,
무엇을 하고
있는지를
알 수 있는
소중한 정보가
되었다.

1951년부터 1959년까지 최소 5천 명에서 최대 1만 명에 이르는 북한 전쟁고아들이 동유럽에서
현지 교사, 학생들과 함께 공부하고 생활하면서 우정과 사랑을 나눴다. 북한으로 송환되기 직전까지
그들은 현지 언어를 익히고 서로를 알아가며 가족처럼 때로는 연인처럼 살아갔다. 그래서 북에서 온
아이들에게 그곳은 마음속 '두 번째 고향'이었다. 사진은 1400여 명의 북한 전쟁고아들이 살았던
폴란드 프와코비체 마을로 이동 중 우연히 발견한 아름다운 전원 풍경을 하늘에서 촬영한 장면이다.
그곳에는 '새로운 숲'이라는 이름이 붙어 있었다.

글을 마치며 '세상에 돌아갈 수 없는 고향은 없다'

무엇이든 연결되고 소통되는 글로벌 시대다. 사람과 사람을 가르는 국경의 장막도 점점 희미해져 가고 있다. 서로 나누고 서로 도우면서 살아가는 것이 현대사회의 특징이란 사실을 누가 부정할 수 있을까. 우리는 이제 세상 끝까지 여행을 하고 그 끝에서 새로운 사람을 만나 우정과 사랑을 나누며 살아가고 있다. 그곳에 마음을 붙이면 낯선 곳도 어느새 고향이 될 수 있다.

그래서 '두 개의 고향'도 있을 수 있고, '세 개', '네 개', '열 개'의 고향도 있을 수 있다. 누구나 그렇게 마음속에 여러 개의 고향을 지니며 살아갈 수 있는 시대다. 누구나 세상 곳곳을 여행하며 낯선 사람과 우연히 만나고 친구가 된다. 힘들고 어려운 사람을 만나면 서로 돕고 산다. 내가 가진 것이 많으면 조금 남에게 나눠주는 것도 기쁨이 된다. 그렇게 우리는 세상을 살고 있다.

하지만 이 세상에 돌아갈 수 없는 고향은 없다. 보고 싶은 사람들, 부모 형제처럼 함께 했던 행복한 추억 속으로 돌아갈 수 없는 그런 고향이 존재한다는 것은 너무 슬픈 일이다. 그리고 그렇게 돌아갈 수 없는 고향이 세상 존재해서도 안 된다. 그런 고향은 슬픔이고 그런 고향을 지닌 사람에게는 삶이 비극이 될 수 있기 때문이다.

〈김일성의 아이들〉이라는 한 편의 영화를 제작하기 위해서 1950년대 북한 전쟁고아들의 동유럽 이주와 생활 흔적을 추적했던 그 길고 긴 시간 여행도 점점 끝나가고 있다. 시작이 있으면 끝이 있고, 만남이 있으면 헤어짐이 있듯이 숨겨진 역사와 나의 인연도 언젠가 끝이 있을 것이다. 하지만 자연과 생명의 이치에서 보면 죽음은 끝이 아니라 새로운 시작을 위한 준비다. 그렇게 계속해서 누군가 이들의 행적을 추적하길 바란다. 이들의 숭고한 이야기를 계속해서 기록하길 바란다.

이 책을 마치면서 나에게 한 가지 바람이 있다면 이 책이 '숨겨진 역사'의 진실을 찾아가는데 길잡이가 되었으면 좋겠다. 누군가는 분명 숨기려 했던 역사였다. 그러지 않고서는 1만 명의 북한 아이들이 북으로 돌아갔는데도 불구하고 지금까지 단 한 명의 존재, 단 하나의 기록도 공식적으로 공개된 적이 없는 이유를 설명할 길이 없다. 부디 언젠가 이 모든 숨겨진 아이들의 이야기들이 정당하게 역사의 평가를 받기를 바란다. 그것이 이 책을 쓴 목적이었다.

이 세상의 모든 전쟁고아들과
그들을 위해서 자신의 삶을 헌신했던
모든 사람들에게 이 작품을 바칩니다.

논픽션
김일성의 아이들

초판 발행 2020년 11월 20일
지은이_김덕영
펴낸이_임수영
발행인_김덕영
편집디자인_조의환
교정_배정원
인쇄_삼아인쇄사
마케팅_다큐스토리

펴낸곳_다큐스토리
03034 서울 종로구 통의동 26-5
전화_070-8987-0408

이메일_docustory@gmail.com
홈페이지_www.2twohomes.com
페이스북_www.facebook.com/altna84
블로그_blog.naver.com/altna84
인스타그램_instagram.com/documentor1
트위터_twitter.com/docuNbook

출판등록_2011년 11월 18일(제 2018-000097)
한국어출판권 ⓒ다큐스토리 2020
ISBN 979-11-951271-8-4
값 20,000원

이 책은 한국출판문화산업진흥원 2020년 중소출판사
출판콘텐츠 창작지원사업 선정 작품입니다.